Lies Groening

Die lautlose Stimme der einen Hand

Zen-Erfahrungen in einem japanischen Kloster

ECON Taschenbuch Verlag

Die Deutsche Bibliothek – CIP-Einheitsaufnahme

Groening, Lies:
Die lautlose Stimme der einen Hand: Zen-Erfahrungen in einem japanischen
Kloster/Lies Groening. – Düsseldorf; Wien: ECON-Taschenbuch-Verl., 1993
(ETB; 26056: ECON-Sachbuch)
ISBN 3-612-26056-1
NE: GT

Lizenzausgabe

© 1993 by ECON Taschenbuch Verlag GmbH, Düsseldorf und Wien
© 1983 by ECON Verlag GmbH, Düsseldorf und Wien
Umschlaggestaltung: Molesch/Niedertubbesing, Bielefeld
Druck und Bindearbeiten: Ebner Ulm
Printed in Germany
ISBN 3-612-26056-1

»Höre die lautlose Stimme der einen Hand.«
Zen-Kalligraphie von Meister Ohtsu-Roshi

Inhalt

Vorwort 9
1 Der Weg in den Tempel 11
2 Wer ist, wo ist, was ist Buddha? 37
3 Das torlose Tor 55
4 Der Wind wehet, von wo er will 67
5 Höre den Schlag der einen Hand 81
6 Es gibt nicht Westen und nicht Osten 101
7 Heimreise und Wiederkehr 113
8 Lernen wir uns sehen, wie wir sind 135
9 Das Gesicht, das du vor deiner Geburt hattest . 147
10 Die eine Hand stößt durch den Himmel
 und die Erde 167
11 Der Berg Lu in dichtem Regen 193
12 Der Stab des Meisters 207
Literaturverzeichnis 219

Vorwort

Von jeher sprechen die Deutschen von der »Seele«. Dieses Wort mag dem modernen Ohr etwas fremd klingen. Das aber, was eigentlich keine Neugier auf das Wo, Wann und Warum des Menschen zuläßt, das ist gerade die Seele. Die Seele hat wesentlich nichts zu tun mit irgendeinem Moment des gewöhnlichen Lebenslaufs, wie etwa Geburtsdatum, Geburtsort und Berufstätigkeit. Sie wandelt nur den Weg des Geschicks im Wehen der Ewigkeit durch die Zeit hindurch. In den folgenden Aufzeichnungen stellt sich ein solcher Wandel in seiner Reinheit dar.

Mit Frau Groening stehe ich in enger Verbindung. Sie sprach über sich nicht zu uns, wir fragten sie auch nicht. Um des Zen-Weges willen kam sie von weitem aus Deutschland allein und einsam nach Kioto. Ihr unerschütterlicher Eifer zur Zen-Übung, manchmal mühsam und schmerzhaft, ließ in uns keine Neugier auf ihre Vergangenheit und ihr äußerliches Leben aufkommen. Ihr Bericht möge für sich sprechen.

> Keiji Nishitani
> ehemaliger Ordinarius für
> Philosophie an der Universität
> Kioto

1
Der Weg in den Tempel

Unvergeßlich in ihrer Zeitlosigkeit und Einfachheit bleibt für mich die Meditationshalle des Shokokuji, eines der ältesten Zen-Tempel der Rinzai-Sekte in Kioto. Als ordentliches Mitglied der Laiengruppe dieses Tempels nahm ich an den regelmäßigen Übungen teil und darüber hinaus an den großen Übungszeiten der Mönche. So begann mein Weg ins Zen. Ich fand eine geistige Welt, die durch Zucht, Denken und Konzentration von Generationen von Zen-Mönchen geprägt wurde.

In dieser Welt der Stille und der Sammlung tat sich mir, der Europäerin, der Weg in eine Erfahrung auf, die an Unmittelbarkeit des Erlebens, an Einsicht und innerer Stärke alle bisherigen Erfahrungen meines Lebens überschreitet und von der ich nicht weiß, wohin sie mich noch führen wird.

Wie ich es schaffte, dorthin zu kommen, ist schnell erzählt. Ein Einführungsschreiben von Professor Tsujimura, Professor der Philosophie an der Universität Kioto, an den Zen-Meister des Shokokuji öffnete mir den Weg in den Tempel.

Die führenden Philosophen der Universität Kioto haben in drei aufeinanderfolgenden Generationen dem Zen angehört. Professor Nishitani, ehemaliger Ordinarius der philosophischen Fakultät, gilt als einer der führenden Philosophen Japans. Er gehört seit seiner Jugend dem Zen-Kreis des Shokokuji an. In der jüngeren Generation setzt Professor Tsujimura diese Tradition fort. Als Mitbegründer der jungen, aktiven Laiengruppe ist er dem Tempel, seinem Meister, den Mönchen und den Laien verbunden.

Ich lernte ihn im Hause von Professor Gundert in Neu-Ulm in Deutschland kennen. Er studierte damals als Humboldt-Stipendiat Philosophie an der Universität Freiburg. Mit jener Qualität im Menschlichen, die die Beziehung zum anderen offen, unmittelbar und total aufnimmt, ging Professor Tsujimura auf mein Anliegen ein, Zen in Japan in einem japanischen Kloster zu studieren.

In der Hinwendung zum anderen, die Zen-Übende auszeichnet, ist eine Unmittelbarkeit, die mir später das Einleben in Japan leicht und zu einem Erlebnis machen sollte.

Tsujimuras Familie und Freunde nahmen mich in der alten Kaiserstadt Kioto auf wie einen alten Freund. Als Dolmetscher und Mentor stellte sich Professor Ueda, ein Freund von Tsujimura, zur Verfügung. Er ist ebenfalls Dozent an der Universität Kioto und Mitglied der Laiengruppe des Shokokuji.

Mit einem ausführlichen Schreiben an den Meister des Tempels zerstreute er Bedenken, die meiner Aufnahme in das Shokokuji im Wege standen. Sie waren hauptsächlich in der Ungewöhnlichkeit der Tatsache begründet, daß ich als Frau und Europäerin ohne japanische Sprachkenntnisse in die Gemeinschaft eines Zen-Tempels aufgenommen werden sollte, der durch Tradition und Regeln seit Jahrhunderten ein Mönchskloster ist.

Es war ein feierlicher Augenblick, als er mir die Einwilligung des Meisters brachte. Ich war nun Schüler des

Laienkreises des Shokokuji. Aber es wurde Herbst, bis ich praktisch in das Zen eingeführt wurde.

*

An einem Samstagnachmittag betrat ich zum ersten Mal in Begleitung Professor Ueadas das Shokokuji. Wir schritten von der Straße aus durch das große Eingangstor, das in den Tempelbereich einführt, ließen die Straße mit ihrem Lärm hinter uns und bogen in einen Seitenweg ein, der zur Zen-Halle führt. Die Halle liegt abseits vom Haupttempel, hinter Mauern, in einem abgeschlossenen, selbständigen Gebäudekomplex.

Ich ging den Weg, den ich später kennenlernen sollte wie keinen zweiten in Kioto, an dem alten Glockenturm vorüber, der außerhalb der hohen Einfassungsmauer steht, bis zur kleinen, niedrigen Pforte in der Mauer, durch die wir nur gebückt eintreten konnten. Im Vorgarten waren Beete um kugelförmig geschnittene Bäume sternenförmig geharkt – so wie in Deutschland auf dem Lande an hohen Festtagen. Wir gingen die wenigen Schritte durch den Garten bis zur hölzernen Schiebetür in der nächsten Mauer. Jetzt standen wir im Garten, der die Halle umschließt. Der Brunnen vor dem Wirtschaftsgebäude am Eingang mit seiner modernen Ziehanlage, seinen Eimern und Geräten, an dem zu anderen Zeiten die Küchenmönche arbeiten, lag aufgeräumt und leer. Schweigend gingen wir einen schmalen Pfad entlang bis zur Halle. Vor ihren Stufen, unter einem überdeckten Gang, der zum Aborttempel an seinem anderen Ende führt, machten wir halt. Wir zogen unsere Schuhe aus, holten aus einer Kiste Strohsandalen und stiegen die Stufen hinauf auf eine Plattform, die breit um die Halle läuft. Es war sehr still. Harmonie, die Garten und Gebäude, Erde und Himmel in eins zusammenschloß, umschloß auch uns.

Das Gesetz der Harmonie, die den alten Gärten und Tempeln Japans innewohnt, ist ein Geheimnis, das mit den Schöpfern dieser Tempel und Gärten dahingegangen ist. Zen-Baumeister schufen die Harmonie, die in ihnen war. Jedes Gebäude in der Gesamtanlage dieser Tempel – die Gebäude sind zahlreich, dienen den verschiedensten Zwecken, liegen oft weit auseinander verstreut in eigenen, kleinen Gärten – ist mit seiner Lage zur Himmelsrichtung, in Material und Struktur organisch mit der Gesamtanlage verbunden. Es ist in Linie, Maß und Proportion eine Einheit, die der Einheit des Ganzen eingeordnet bleibt. Wo man auch stehen mag in diesen Gärten, jeder Ausschnitt ist vollkommen in seiner Harmonie, deren Geheimnis es bleibt, die Harmonie des Ganzen zu sein. Und welches Tempelgebäude man auch betritt, es verbleibt in seiner Ordnung, seinen Größenverhältnissen, seinen Maßen in einer Harmonie, die die Harmonie des Ganzen ist.

Professor Ueda hatte mir Anweisung gegeben, stets seinem Beispiel zu folgen. Mit vor der Brust zusammengelegten Handflächen traten wir in den langen Gang, der vor der Halle im Innern des Tempels entlangführt. Die Schiebetür in der Mitte stand weit offen, die Schiebefenster, die vom Gang aus das Licht in die Halle holen, waren zurückgeschoben. Wir standen am Eingang und verbeugten uns. Die Halle ist rechteckig und ein durch seine Höhe wirkender Raum. Zeitlos in seiner Gliederung und von einer Harmonie, die jedes Fremdsein ausschließt.

Der vorherrschende Eindruck ist Leere. Am Boden liegen dunkle Steinfliesen, die Decke wird durch braune Holzbalken gegliedert.

Die Halle hat zwei Eingänge, die sich in der Innen- und Außenwand genau gegenüberliegen. Beide Eingänge sind ausgerichtet auf die Buddha-Statue, die in der Mitte der Halle auf einem großen Holzpodest aufgestellt ist. Die Buddha-Statue ist das Symbol der Erleuchtung für den Zen-Übenden. Sie steht in einem Schrein, der so hoch auf dem Podest errichtet ist, daß er nur mit einer Leiter erreichbar ist, und ist hinter Vorhängen verborgen. Nur der sieht die Statue, der von außen die Halle betritt. Die Eingänge sind in ihrer Funktion verschieden. Der vom Gang aus in die Halle führende wird von den Mönchen für das tägliche Leben in der Halle benutzt. Sie gehen durch ihn ein und aus während der Arbeitszeiten des Tages. Der von außen in die Halle führende Eingang verbindet die Halle mit dem Tempel des Meisters; ein überdachter Wandelgang ist die Verbindung zwischen beiden. Er ist der »Eingang der Erleuchtung«. Der Meister betritt die Halle durch ihn, die Mönche benutzen ihn beim *Sanzen** und bei allen Anlässen, die das geistige Leben des Zen herausstellen, beim Erscheinen vor dem Meister mit der Zen-Aufgabe, bei Vorträgen und Zeremonien.

Wir gingen bis in die Mitte der Halle und verbeugten uns tief vor der Buddha-Statue, wandten uns nach rechts, verbeugten uns vor dem Sitz des führenden Mönches (gleichgültig, ob dieser anwesend ist oder nicht; es ist

---

* Mit *Sanzen* (Aussprache: »ssan-senn«, vorne scharfes, in der Mitte weiches s) wird die Begegnung mit dem Meister allein bezeichnet. Hierbei führt man ihm die Lösung der Zen-Aufgabe bzw. die Fortschritte zu ihrer Lösung vor. *Zazen* (Aussprache: »sa-senn« wie in *Sa*-me und *Sen*-den) heißt die Meditation im Sitzen.

eine Dankesbezeugung) und ebenso vor dem Sitz des stellvertretenden führenden Mönches in der gegenüberliegenden Sitzreihe. Danach führte mich Ueda zu meinem Sitz, der mir in der anderen Hälfte der Halle angewiesen war. Die beiden Hälften der Halle sind einander symmetrisch zugeordnet. Die Sitze laufen an den Wänden entlang, sie sind in gleicher Höhe, gleicher Zahl und gleichen Maßen auf hölzernen Bänken angebracht. Ihre obere Fläche ist mit *Tatami*, Strohmatten, ausgelegt, die in ihrem Breiten- und Längenmaß dem Maß des menschlichen Körpers entsprechen. Die einzelnen Matten sind mit dunklen Borten eingefaßt, eine lebendige Aufteilung an sich und eine Abgrenzung für jeden Sitz. Jeder Mönch hat einen eigenen Sitz, auf ihm schläft, sitzt und meditiert er. In Wandschränken, die unter den Schiebefenstern entlanglaufen, die die Wände in gleicher Höhe aufteilen, sind die Schlafdecken – eine einzige für jeden Mönch – und die wenigen persönlichen Gegenstände der Mönche untergebracht.

In der Blütezeit des Zen bis Ende des 19. Jahrhunderts waren alle Sitze besetzt, es waren ständig zwischen siebzig und achtzig Mönche in der Halle. Die älteren Mitglieder der Laiengruppen erinnern sich aus ihrer Jugend, daß sie draußen auf den Stufen sitzen mußten bei den Übungszeiten, weil die Halle nicht Raum genug hatte für alle Übenden. Heute ist die Zahl der Mönche auf zwölf bis fünfzehn zusammengeschmolzen. Die einschneidenden Umwälzungen im staatlichen und sozialen Gefüge Japans haben auch seine religiösen Grundlagen und Traditionen erschüttert.

Bevor wir unsere Sitze einnahmen, verbeugten wir uns noch einmal, das Gesicht der Mitte zugewandt. Ein schnelles Abstreifen der Strohsandalen, ein seitlicher Schwung auf die Tatami nach oben, wir holten unsere Sitzkissen aus den Wandschränken, setzten uns auf die zwei Kissen und waren in wenigen Minuten still.

Meine Aufgabe war, mit untergeschlagenen Füßen, auf den Hacken sitzend, den Oberkörper kerzengerade aufgerichtet, die Wirbelsäule senkrecht, die Hände mit sich berührenden Daumenspitzen auf dem Bauch liegend, die Augen auf einen Punkt vor mir in etwa einem Meter Entfernung fest auf den Boden gerichtet, unbeweglich zu sitzen und zu atmen. Die Konzentration (damit begann der wichtigste Teil der Übung) sollte ausschließlich auf den Fluß des Atems gerichtet bleiben, auf die Einatmung, auf die Ausatmung. Ich bekam nur noch den Hinweis, tief in den Unterleib zu atmen. Die eigentliche Aufgabe war, mit dem inneren Rhythmus des Atems eins zu sein.

Die Stille in der Halle umschloß mich. Ich wurde in ihre Ordnung, ihre Harmonie hineingenommen, als hätte ich zu allen Zeiten hier gesessen. Von meinem Sitz aus sah ich durch die offene Tür des Einganges auf das kleine, unsymmetrische Dach des Wandelganges, das genau den Ausschnitt der Tür ausfüllt. Ich sah in die Bäume des Gartens, hörte Vogelgezwitscher, und die Unruhe meines Atems löste sich, wie die Unruhe des Lebens versank.

Nach genau 30 Minuten – neben dem führenden Mönch brennt ein Weihrauchstäbchen, das die Zeit angibt – ertönte das Zeichen zur Pause. Es war ein aufschreckendes Zeichen. Zuerst ertönte eine Klingel, hell und freundlich, aber fast gleichzeitig wurden von dem führenden Mönch zwei Hölzer mit solcher Kraft und Gewandtheit gegeneinandergeschlagen, daß es wie ein Peitschenschlag scharf und knallend die Luft durchschnitt, zweimal hintereinander. Aus der Präzision und Kraft, mit der die Schlaghölzer gehandhabt werden, kann man auf den Zustand des Schlagenden schließen. Ein rauher Ruf folgte.

Im gleichen Augenblick sprangen alle Übenden von ihren Sitzen, standen, fuhren in ihre Strohsandalen, verbeugten sich, wieder die Handflächen vor der Brust, und unter Führung des Mönches begann ein Rundgang durch die Halle. Durch den freien Raum in der Mitte, um den hoch thronenden Buddha herum, schnell und schneller, bis das Gehen zum Lauf wurde. Sutra-Gehen heißt das. Ueda erklärte es mir so: Alles geschieht im Sitzen (als Zustand), ohne auf das Sitzen beschränkt zu sein. Wer im Sitzen angekommen ist, bleibt auch in der Bewegung im Sitzen, es geschieht nichts dazwischen.

Das Gehen wurde 15 Minuten lang geübt. Ein rauher Anruf des Mönches, wieder vollzog sich in Blitzesschnelle das Zurück-vor-die-Sitze. Stehen, Abstreifen der Sandalen, Verbeugung, Sitzen, Stille. Es war nichts dazwischen geschehen.

Die Übungszeit dauerte 3 Stunden, und jede halbe Stunde wiederholte sich das Pausenzeichen. Die Pausen dauerten 5 bis 10 Minuten. Die Sitzhaltung wurde aufgelockert, man verließ die Halle, draußen stand man schweigend oder in Gesprächen zusammen. Beim letzten Pausenzeichen erhoben wir uns in einer großen Gesammeltheit, die in einem präzisen, ganz auf die Sache konzentrierten Tun ihren Ausdruck fand. Die Sitzkissen wurden in die Schränke zurückgelegt, Fenster und Türen zurückgeschoben. Wie beim Eintreten Verbeugungen, nur in umgekehrter Reihenfolge, zuerst vor den Sitzen der

Mönche (der führende Mönch blieb manchmal sitzen und ließ die Übenden mit prüfenden Blicken an sich vorüberziehen), zuletzt vor der Buddha-Statue. Schweigend verließen wir die Halle. Meine erste Übungszeit war beendet.

Ueda gab mir ein Zeichen, Professor Kataoka, eines der ältesten Mitglieder des Shokokuji, wollte mich sehen. Er bewohnte den kleinen, gleich neben der Halle liegenden Wohntempel. (Nach dem Kriege mußten die kleineren, leerstehenden Wohntempel des Klosters vermietet werden.)

Wir gingen auf der hölzernen Plattform bis vor den Eingang. Abstreifen der Sandalen, ein Schwung nach oben, wir standen auf dem hölzernen Rundgang, der das Rechteck des Gebäudes umfaßt. Die Tempelgebäude stehen erhöht auf steinernen Sockeln. Ueda öffnete mit gemurmelten Worten der Entschuldigung die Schiebetür in der Mitte. Alle Türen sind unverschließbar. Ihre Flächen sind durch schmale Holzleisten in Rechtecke aufgeteilt, die mit handgezogenem, naturfarbenem Papier ausgeklebt sind. Es gibt kein Glas. Das organische Maß, das allen Proportionen zugrunde liegt, wiederholt sich bis in die kleinste Aufteilung.

Wir waren sofort im Raum. Nach alter japanischer Sitte knieten wir an der Tür und verbeugten uns mit der Stirn am Boden. Professor Kataoka saß auf einem Sitzkissen vor seinem Schreibtisch, der mit Büchern und Schreibsachen belegt war. Er verbeugte sich in der gleichen Weise, die Stirn am Boden. Wir setzten uns auf Kissen und tranken Tee. Am Boden und auf den Sitzen der Halle lagen die gleichen *Tatami* wie in allen japanischen Häusern. Alle aus naturfarbenem Stroh, mit dunklen Borten und in denselben Maßen. Die Größe eines Wohnraumes wird nach der Zahl der Tatami berechnet. Ihre Anordnung geschieht in der Längs- und Querrichtung, wodurch sich eine erstaunlich moderne Wirkung ergibt. Die Decke besteht im Kontrast dazu aus dunklem Holz und ist aus sehr leichten Brettern gefügt. Die Aufteilung der Wände bestimmen Wandschränke mit Türen aus Papier. Professor Kataoka hatte einige Bücherregale daneben gestellt. Das wichtigste bei der japanischen Bauweise ist der Raum selbst. Die individuelle Einrichtung des Raumes ist darin auf ein Minimum beschränkt.

In der Zimmerflucht der Tempel, in den kaiserlichen Palästen wie auch in den Privathäusern jeder Größenordnung und sozialer Stufung findet sich der Raum in derselben Grundgliederung, mit den gleichen Materialien und Farben, mit den gleichen, schlichten Matten am Boden. Der Unterschied liegt lediglich in der Qualität des Materials und in der Zahl und Größe der Räume. Die Durchgestaltung als solche ist einheitlich. Sie ist der vollkommene Ausdruck einer Denkweise und eines Lebensgefühls, das alle umschließt und einer persönlichen Aussage nicht mehr bedarf. Die Leere wird in den Mittelpunkt des Lebens gestellt.

Der Teekessel stand auf einem Rost über einem Holzfeuer. Die Schiebetüren zum nächsten Raum und von dort nach außen waren weit offen. Wir sahen auf die Büsche der hochgewachsenen Teestauden, die die dahinterliegende Tempelmauer verdeckten. Wieder waren wir eingeschlossen in eine Harmonie, die jenseits aller Gegensätze liegt.

Professor Kataoka trug einen Kimono. Ich sah in ein stilles Gesicht mit wachen Augen, die mich ansahen ohne jede Neugierde, ohne Besitzergreifen, in menschlichem Verstehen. Diese Übereinstimmung nahm mich auf in einer Totalität, Unmittelbarkeit und Offenheit, die mein europäisches Wesen betroffen machte. Kritische Zurückhaltung wurde hier sinnlos. Die Unterhaltung war zwanglos und wurde japanisch geführt. Kataoka bedauerte, daß er nicht Deutsch sprechen könne, aber er könne es lesen. Einige Worte in Englisch, Fragen nach meiner Reise, Anerkennung, daß ich mich als Europäerin den strengen Forderungen des Zen stellen wolle. Dann verabschiedeten wir uns mit tiefen Verbeugungen. Sie waren mir schon mehr geworden als die seltsamen Sitten eines fremden Landes, ich begriff etwas von der souveränen menschlichen Haltung, die sie ausdrücken, einer Würde, die den anderen in eine menschliche Gleichberechtigung hineinstellt.

Ueda hatte mir nicht gesagt, daß Kataoka einer der engsten und vertrautesten Freunde des Meisters war, ein »Hindurchgegangener«. Er sagte mir auf dem Heimweg: »Groening-san*, Sie haben eine Prüfung bestanden.«

In den nächsten Wochen wurden die sonntäglichen Übungen fortgesetzt. Langsam überwand ich die heftigen Schmerzen in den Beinen, das Absterben der Füße, und langsam wurde mir aus einem äußeren willentlichen Impuls das Atmen zu einer spannenden Kampfhandlung. Ein Einswerden mit dem Atem erlebte ich dabei nicht. Es war vorwiegend ein Kampf um die Konzentration. Mein Ichgefühl behauptete sich dagegen mit Gedanken und Forderungen, die ein Sichaufgeben unmöglich machten.

---

* »San« heißt Frau, Fräulein, Herr, es wird dem Namen nachgesetzt.

Einen neuen Aspekt des »Sitzens« lernte ich in der praktischen Arbeit kennen. Die Regel schreibt sie den Mönchen vor. Der Wahlspruch der Zen-Klöster ist hart: »Arbeite, um essen zu dürfen.« Die Mönche arbeiteten viele Stunden am Tage. Es gibt für sie weder höhere noch niedrigere Arbeiten, es gibt keinen Rangunterschied zwischen geistiger und körperlicher Arbeit. Dieselbe Konzentration auf die Sache, äußerste Beteiligung und zugleich äußerste Unbeteiligtheit wie im Sitzen. Sitzen ist kein Unterscheiden von außen und innen, von Bewegung und Ruhe. Sitzen vollzieht sich in eine Offenheit hinein, in der es weder außen noch innen, weder Bewegung noch Ruhe als solche gibt. Wer im Sitzen (als Zustand) ist, bleibt im Sitzen. Auch die Laiengruppe mußte sich dieser Regel unterziehen.

Die erste »Aufgabe«, an der ich mich praktisch beteiligte, war eine Generalreinigung der Halle. Anweisungen und Ausführungen gingen in einer Geschwindigkeit vor sich, die mir keine Zeit ließ, Gefühle dafür oder dagegen zu haben. Mit Fluten von Wasser, die aus dem Brunnen hinter der Halle geholt wurden, mit Wischlappen, Besen und Staubwedeln, die ein jeder entschlossen ergriff, ging es ans Werk. Ich hatte noch nicht begriffen, worum es in diesem »Realisieren« ging. Deshalb entbehrte es für mich nicht der Komik, meine japanischen Freunde, die zu Hause durch ihre Frauen von jeder praktischen Hilfeleistung befreit sind und nur ehrerbietig bedient werden, hier professionell putzen zu sehen. Am genauesten, mit einer geradezu vorbildlichen Konzentration, arbeitete ein Chirurg. Unter seinen Händen begannen die Hölzer der Halle zu blitzen. Ich wußte, dieser Chirurg kämpfte zu Hause einen zähen Kampf mit seiner Frau um die Zeit für das Zen. Denn seine Frau fürchtete, er würde seine Praxis darüber vergessen.

*

Der führende Mönch hatte nach der Arbeit die Gruppe zum Tee eingeladen. In einem der Wohntempel, die neben dem Tempel des Meisters liegen, versammelten wir uns in einem großen Doppelraum. Damit alle Platz hatten, wurden einfach die Türen ausgehoben und beiseite gestellt. Wir saßen in einem weiten Kreis, der führende Mönch saß zu Häupten, neben ihm Kataoka-sensei. »Sensei« ist die Bezeichnung für den Lehrenden. Wieder beeindruckte mich die soldatische Strenge des Mönches, die Wachheit des Ausdrucks, die »Gegenwärtigkeit«, Schnelligkeit und Präzision seiner Bewegungen wie seiner Ausdrucksweise. Eine Gegenwärtigkeit, die mit europäischen Begriffen nicht zu fassen ist.

Mit einer tiefen Verbeugung wurde das Zusammensein eröffnet. Kataoka sprach einen Zen-Spruch, und jeder verbeugte sich erneut. Teeschalen mit grünem Tee – ein Teepulver, das mit einem Bambusbesen geschlagen und zu einem dünnflüssigen Brei angerührt wird, der besonders bitter schmeckt, aber außerordentlich belebend ist – wurden nach den Riten der Teezeremonie jedem einzelnen überreicht. Dazu wurde ein besonderes Gebäck gegeben. Schweigend tranken wir den Tee. Danach ergriff Kataoka das Wort. Ich verstand nur einmal den Namen »Kant«. Mit einer höflichen Verbeugung zu mir hin wurde erwähnt, daß Kant ein Philosoph aus dem Lande von Groening-san sei. Die Frage, die Kataoka in den Mittelpunkt des Gespräches stellte, war: »Gibt es einen Glauben ohne Zweifel?« Er führte aus, ein Glaube ohne Zweifel sei wertlos. Je tiefer der Zweifel, desto echter der Glaube. Fragen wurden laut, ich bedauerte, in der Diskussion außerhalb zu stehen, doch empfand ich mich in der starken Atmosphäre menschlichen Offenseins nicht als außenstehend. Oft und lange wurde geschwiegen, niemand geriet darüber in Verlegenheit. Gegen 6 Uhr gab der führende Mönch das Zeichen zum Aufbruch. Beim Verlassen des Raumes sagte Ueda zu mir wieder sein bedeutungsvolles: »Kommen Sie.«

Wir gingen einen Gang entlang, auf einen der kleinen Räume zu. Als Ueda die Tür zurückschob, blieb ich unvermittelt stehen, vergaß jede Verbeugung, so sehr erstaunte mich das Bild vor mir. Vor einem Holzkohlenfeuer im Boden saß ein sehr alter Mönch im Gewand der Zen-Meister: der alte, inzwischen in den Ruhestand getretene Bischof der Rinzai-Sekte, der im Shokokuji beheimatet ist. In gebührendem Abstand saßen Kataoka, der Chirurg Ebuchi und der führende Mönch um ihn herum. Ueda und ich wurden durch eine Handbewegung eingeladen, uns dazuzusetzen. Die Unterhaltung war ausgesprochen vergnügt, man lachte, rauchte und war fröhlich. Bei diesem Zusammensein in einem Tempelraum, in dem schon vor Jahrhunderten Mönche auf dieselbe Weise vor einem Holzkohlenfeuer gesessen hatten wie wir jetzt, vor mir der verehrungswürdige alte Mönch, in dessen stillem, zartem Gesicht es manchmal während der Unterhaltung aufleuchtete – ein Sonnenstrahl fällt auf ein stilles Wasser, und sogleich ist die Oberfläche schwingend, erwärmt, bewegt –, fing zum ersten Mal der Boden meines europäischen Lebensgefühls an zu schwanken. Ich war in Japan angekommen, in dem der Begriff »Zeit« relativ ist, in dem Vergangenheit und Gegenwart in eines zusammenschmelzen.

*

Das bedeutsamste Ereignis dieser Wochen war meine Vorstellung beim Meister. Ich hatte ihn noch nicht gesehen. Der Meister war vor kurzem auch zum Nachfolger im Bischofsamt der Rinzai-Sekte gewählt worden, da die zarte Gesundheit des alten Bischofs der Bürde dieses Amtes nicht mehr gewachsen war. Obwohl das Amt eines Bischofs die Kräfte eines Menschen voll beansprucht, hatte er sein Meisteramt nicht abgeben können, wie es üblich gewesen wäre, denn es fehlte an einem würdigen und erfahrenen Nachfolger. Die Gesichtspunkte, nach denen ein Meister des Shokokuji gewählt wird, sind noch dieselben strengen und unabänderlichen wie in alten Zeiten. Der jetzige Meister gehört zu den großen, würdigen Gestalten in der langen Reihe der Zen-Meister dieses Tempels.

Mir klopfte das Herz, als wir uns auf den hölzernen Umgang des kleinen Wohntempels schwangen, in dem der Meister die neu hinzugekommenen Schüler des Laienkreises empfing. Da die Türen zurückgeschoben waren, stand ich sofort im offenen Raum. An der Tür knieten in einer Reihe die jungen Studenten. An der Wand, ihnen gegenüber, saß eine hohe Gestalt, allein, kerzengerade. Der Meister. Ich war so verwirrt, daß ich unbesonnen auf ihn zugehen wollte. Ein unterdrückter Schrei ließ mich innehalten. Wortlos begriff ich und setzte mich neben Ueda in die Reihe der Studenten. Verbeugung. Ueda nannte meinen Namen. Dieses Mal verbeugte sich der Meister tief. Seine Verbeugung war ohne jede weitere Geste, sie war Verbeugung in einer Ausschließlichkeit, die mich fast beschämte. Wieder wurde mir meine europäische, innerlich reservierte Haltung in ihrer Zurückhaltung und Abgrenzung im Persönlichen unerwartet bewußt.

Ich sah in ein Paar helle Augen, die mich mit ruhigem Blick in sich aufnahmen. Eine für einen Japaner große, kräftige Gestalt. Der Meister trug ein gelbes Mönchsgewand, in traditioneller Weise auf der Brust geschlossen. Sein Ausdruck war weder streng noch mönchisch, aber geprägt von einer Zucht, die ihn Mönch sein ließ. Er saß da in souveräner Sicherheit, mit einer Intensität und Freudigkeit des Da-Seins, die den Raum erfüllte. Ich beugte mich dieser Autorität des Da-Seins. Wir sahen uns in die Augen, auch ich prüfend ohne Scheu. Er stellte auf japanisch einige Fragen, sicherlich auch, wie alt ich sei, denn Ueda gab an mich lachend weiter, der Meister habe gemeint, ich sähe jung aus. Die Unterhaltung wurde allgemein. Bemerkenswert war, wie wechselnd der Ausdruck des Gesichts war, wie es sich blitzschnell wandelte, im Lachen aufstrahlte, sich von innen her erhellte, plötzlich jung wurde. Eine Handbewegung zu Ueda hin. Ueda stand auf und holte aus einem Gefäß, das in einer Ecke stand, Orangensaft für uns.

Ich wurde noch einmal Mittelpunkt des Gespräches: Der Meister gab mir jetzt persönlich seine Erlaubnis, den Übungszeiten beiwohnen zu dürfen. Ich sei zwar die erste Frau, die die Zen-Halle des Shokokuji betreten habe, aber ein alter Zen-Meister habe den Ausspruch getan: »In der Halle gibt es weder Mann noch Frau...«

Dann erkundigte sich der Meister eingehend nach meinen Atemübungen, und er gab mir den praktischen Hinweis, die Bauchdecke beim Einatmen von unten bis zum Bauchnabel vorzuschieben, um die Wirbelsäule gerade zu stellen. Als Aufgabe bekam ich, täglich jeden Morgen und Abend 10 Minuten lang zu Hause das Atmen zu üben. Wir verabschiedeten uns mit tiefen Verbeugungen. Im kleinen Wohntempel saßen inzwischen alle Mitglieder der Gruppe zusammen, ich wurde jetzt jedem einzelnen vorgestellt.

Um so überraschter war ich, als mir am nächsten Sonntag im Kreise der Mitglieder vom Arzt Ebuchi-san eröffnet wurde, daß ich meine Probezeit bestanden hätte und nunmehr vollgültiges Mitglied der Gruppe sei. Ich hatte nichts von einer Probezeit gewußt.

*

Am 1. November begann die erste große Übungszeit des Winters. Sie dauert vom 1. bis zum 8. November. Die Laiengruppe durfte am Nachmittag und Abend an den Übungen teilnehmen. Wie vor Jahrhunderten werden die Exerzitien genau nach den alten Regeln und Vorschriften durchgeführt. Zum ersten Mal erlebte ich die Halle in Gemeinschaft mit den Mönchen in ihrer eigentlichen Funktion.

Ueda und ich gingen um 5 Uhr nachmittags zum Tempel. Die Dämmerung brach herein, Erde und Himmel flossen im scheidenden Licht des Tages ineinander, der Mond ging auf. Wir gingen unseren gewohnten Weg bis zur Halle, die dunkel und still vor uns lag. Der Mond stand jetzt hoch über uns am Himmel, in einem blendenden Licht, wie es nur der Süden kennt. Wir traten ein.

Nur noch schattenhaft hoben sich die dunklen, unbewegten, aufrecht sitzenden Gestalten der Mönche von ihren Sitzen ab. Wir verbeugten uns und gingen auf unsere Plätze. In wenigen Minuten hatte uns die Stille aufgesogen. Es war eine machtvolle Stille. Wie eine einzige Kraft, nur auf das Eine gerichtet, stand die Konzentration im Raum. Aus dem Garten ertönte der gewaltige Chor der Zikaden, dazwischen hörte man leise Vogelstimmen. Von ferne, wie eine Brandung, der Lärm der Stadt. Ein leichter Wind wehte durch die Halle. Dunkelheit breitete sich aus. Alles versank.

Mit dem Glockenschlag ½ 6 Uhr wurde das Zeichen zur Pause gegeben. Ein rauher Ruf des führenden Mönches, der Rundgang begann. Auch er hatte eine Qualität, die ich bisher nicht gekannt hatte. Die flatternden Gewänder der Mönche wehten an mir vorüber, ihre nackten Füße in Strohsandalen berührten schneller und schneller, flüchtiger und flüchtiger die Steinfliesen des Bodens, aus dem Gehen wurde Laufen, der Lauf wurde eine Stimme der Natur – wie Meeresrauschen, wie Windeswehen.

»Mönch« heißt in der Anrede: *Unsui*, »Un« = Wolke, »Sui« = Wasser, was ausdrücken will: der du dem Wasser und den Wolken gleich bist.

Ein Mönch kam und zündete auf dem Holzpodest eine Kerze an. Gleichzeitig flammten zwei Lichter unter der Decke auf, über dem offenen Eingang brannte eine Glühbirne. Die Halle lag jetzt in gedämpftem Licht. Schweigen. Vom nahen Tempel tönte ein Holzgong, ein Mönch bestieg den Glockenturm vor der Eingangsmauer und rezitierte ein Sutra; halb gesprochen, halb gesungen, schallte es durch den Abend. Der Abendsegen. Stille. Dann ergriff der stellvertretende führende Mönch den

Holzgong, der vor der Tür aufgehängt ist, und begann ihn zu schlagen. Zuerst stark und stärker, dann leiser und leiser, bis er verhallte. Ich wunderte mich über den melodischen Klang. Aus dem Tempel des Meisters antwortete eine Glocke laut, in Abständen schneller und schneller rufend. Der Meister rief zum Sanzen. Ein rauher Ruf des führenden Mönches, alle Sitzenden flogen von ihren Sitzen hoch und eilten in Windesgeschwindigkeit hinaus in die Dunkelheit – zum Tempel des Meisters. Auch Ueda war in derselben besinnungslosen Schnelligkeit davongestürzt. Ich saß allein.

In Abständen kehrte einer nach dem anderen zurück, zuletzt kamen die Laien. Alle saßen. Wieder tiefes Schweigen. Das Licht vor dem Eingang brannte, es brannte für den Meister. Am ersten Tag der Übungszeit geht der Meister einmal durch die Halle, um zu segnen. Er kam und schritt langsam an der Reihe der Mönche vorüber. Auch an mir schritt er vorbei. Ich sah nicht auf, als er stehenblieb und mich prüfend ansah. Ich dachte, jetzt wirst du gesegnet – und eine tiefe Skepsis, ein Unbehagen erfaßte mich. Aber was geschah? Eine feste Hand griff in meine Bauchdecke, eine Stimme murmelte etwas, die Hand griff noch einmal fest zu, sachlich und genau – und er schritt weiter. So urplötzlich war ich aus allen Gefühlen herausgeschleudert, von meinen Widerständen befreit, daß ich fast laut gelacht hätte. Die Natürlichkeit bei diesem Eingriff in meine Bauchdecke (der Meister äußerte später einmal zu Ueda, er habe den Zustand meines Bauches überprüft, um festzustellen, wie tief ich atme) stellte mich völlig unsentimental wieder in die Realität.

Der Meister verließ die Halle, das Licht am Eingang erlosch. Wir saßen bis ½ 8 Uhr. Dann kam eine längere Pause. Wir standen draußen unter einem glitzernden Sternenhimmel, der Garten lag im silbernen Licht des Mondes. Die schwarzen Gestalten der Mönche kamen und gingen, der Aborttempel wurde lebhaft besucht. Wir versicherten uns gegenseitig, wie kalt es sei. Wir kehrten in die Halle zurück – die Pause dauerte an. Um 8 Uhr liefen eilende Schritte auf die Halle zu. Zwei Mönche kamen vom Gang aus hereingestürzt, mit Tabletts in der Hand, auf denen in tiefen Schalen dampfende Suppe stand. Die heißbegehrte *Udon*-Suppe. Sie ist eine religiöse Gabe, eine Stiftung von Mitgliedern des Tempels, die sie den Mönchen darbringen, um ihnen während der schweren Übungszeiten ihre Verehrung zu zeigen und um sie aufzumuntern. Die Regel erlaubt den Mönchen nur zwei Mahlzeiten am Tage. Die Udon-Suppe ist eine Ausnahme. Die Suppe wird aus *Tofu* (einem Extrakt aus Sojabohnen) zubereitet, gemischt mit Gemüse, oder aus Nudeln und etwas Gemüse, zum Beispiel Pilzen, ohne jedes Fett. Sorgfältig zubereitet, ist der Geschmack hervorragend. Die Verteilung ging mit derselben Geschwindigkeit vor sich wie alles Tun im Zen.

Die erste Schale wurde dem führenden Mönch überreicht, dann folgten alle anderen. Die Mönche kamen laufend herbei, Verbeugung, konzentriert, und schnell ergriff jeder seine Schale und die Stäbchen. Verbeugung, und sofort begann ein gewaltiges Geschlürfe. Das ist eine Sitte, die von alters her geübt wird. Die Mönche aßen mit größter Geschwindigkeit, die Schalen wurden nachgefüllt. Mir wurde es schwer, in dieser Zeit eine einzige Schale zu leeren. Wieder flogen die Mönche an den Sitzreihen entlang, mit einer Teekanne. Die Schalen wurden hingereicht, nach Wunsch gefüllt, an den Mund gesetzt und gleich hinterher eingesammelt. Ein Mönch lief mit einem Wischtuch und wischte über die Holzränder der Sitze. Tiefe Verbeugung als Dankesbezeugung. Zum Abschluß gab der führende Mönch den Namen des Spenders bekannt. Allgemeine Dankesbezeugung. Die Klingel ertönte, Sitzen, Stille.

Das Essen der Udon-Suppe war das sachlichste Essen, an dem ich jemals teilgenommen habe.

Wieder wurde das Schweigen tief und machtvoll.

Um 9 Uhr wurde noch einmal das Zeichen zum Rundgang gegeben. Dichter und dichter, geschlossener und unpersönlicher wurde der Gang, ich verlor jeden Abstand zu mir selbst, der Rhythmus des Gehens ergriff mich und nahm mich in sich auf.

Im letzten Abschnitt der Übungszeit schritt der stellvertretende führende Mönch mit einem Stab über der Schulter durch die Halle – in rhythmisch gestuftem Gang an den Reihen entlang. Seine Beine waren mit kreuzweise übereinanderlaufenden Bändern gewickelt, wie sie Zen-Mönche auf der Reise tragen. Der Stock ist keineswegs nur ein Symbol. Wird ein Mönch von Müdigkeit übermannt, stößt der Stockträger den Stab plötzlich mit aller Kraft auf den Boden oder schlägt ihn mit großer Wucht auf das harte Holz der Sitzbänke. Ein Donnerschlag in die Stille. Ein Donnerschlag, der durch Mark und Bein geht. Alle Müdigkeit ist wie weggeblasen, alle Versunkenheit wie weggeweht. Manchmal wird einer der Mönche mit Namen angerufen, ermahnt, gescholten. Das ist genau der Regel entsprechend, wie sie vor Jahrhunderten schon gepflogen wurde. Auch die Halle bietet denselben Anblick wie vor Jahrhunderten.

Um ½ 10 Uhr noch einmal eine kurze Pause. Eine viertel Stunde später wurden Fenster und Türen zugeschoben, tiefe Stille. In diese Stille hinein begann der führende Mönch ein Sutra anzustimmen. Alle Mönche, alle Übenden fielen ein. Die Stimmen kamen aus Tiefen, die der Alltag überdeckt, elementar in ihrer Kraft. Klingelzeichen setzten die einzelnen Abschnitte voneinander ab. Ein letztes Klingelzeichen. Alle standen auf, eine dreimalige tiefe, ehrfurchtsvolle Verbeugung, der erste Übungstag war beendet. In derselben Sekunde ergriff jeder sein Kissen, machte mit schnellen, unreflektierten Bewegungen seine vorgeschriebenen Verbeugungen und verließ die Halle.

*

Mit jedem Tag in der Reihe der folgenden Übungstage ergriff mich die Zeitlosigkeit in der Halle stärker und eindringlicher. Die Konzentration wurde dichter und spannungsvoller, die Stille fordernder. Die Zwischenzeiten zu Hause wurden bedeutungslos, die Halle wurde Zentrum und Mitte, auch des Tages. Ich erlebte, wie junge Mönche dem Ruf zum Sanzen nicht folgen wollten, sie hatten ihre Aufgabe nicht gelöst. Der führende Mönch griff ein mit dem sogenannten »Freundschaftsdienst«, der hart und ohne Erbarmen, aber ohne Affekte, wie in alter Zeit ausgeübt wurde. Er schlug den Säumigen. Zuerst regte es mich auf. Später ließ ich es ruhiger an mir vorbeiziehen. Ich hatte begriffen, daß es ein Dienst war, der den jungen Mönch aus seiner Angst, seinen Widerständen herausholen sollte. Es kam zu dramatischen Szenen dabei. Einmal warf sich ein junger Mönch auf die Erde, er wollte nicht mehr aufstehen. Ich hörte die beschwörenden Worte des führenden Mönches, sein Keuchen, als er ihn am Boden entlang schleifte, bis zum Eingang. Hier blieb der Mönch liegen. Wieder beschwörende Anrufe, endlich überwand sich der junge Mönch, stand auf und ging den schweren Gang zum Meister. Ein anderes Mal kam es zu einem regelrechten Kampf. Der führende Mönch nahm den Jüngeren wie ein Bündel unter den Arm, wirbelte ihn in der Luft herum, schlug endlich auf ihn ein. Es half nichts, der Jüngere blieb störrisch. Als er ihn endlich mit Mühe durch den Eingang geschleift hatte, blieb er draußen sitzen. Nach einiger Zeit nahm der führende Mönch ein Kissen und trug es zu dem auf dem kalten Boden Sitzenden hinaus.

An einem Nachmittag hatte sich ein starker Wind aufgetan, Wolken jagten über den Himmel, Fenster und Türrahmen brachen fast. Alles deutete auf Sturm. Ich fragte mich, ob Fenster und Türen geschlossen würden. Nein. Der Wind wehte eisig durch die Halle. Die Mönche blieben unbewegt sitzen.

Der Abschluß der Übungszeit war von großartiger Einfachheit. Eine große Zahl von Laien war dazugekommen. Eine fast feierliche Stille umschloß uns. Als am Ende der Übung wie immer Türen und Fenster zugeschoben wurden, stimmte der führende Mönch ein Sutra an. Dieses Mal fielen gleichzeitig Instrumente ein. Mönche ließen Klöppel auf die hölzernen Bälle fallen, schneller und schneller. Freude! Freude! Freude!

Dann sprach der führende Mönch, eindringlich, stoßartig; jedes Wort brach aus ihm heraus. Der Inhalt seiner Rede war: Ihr habt die Übungszeit gut zu Ende geführt, fragt euch, was ihr dabei begriffen habt!

Alle Mönche sprachen jetzt das Sutra. In einer sich steigernden Schnelligkeit tönte es durch die Nacht wie ein Urgesang. Wieder Stille. Diese Stille ergriff mich wie das Rauschen eines Stromes, sie trug mich ins Zeitlose, ins Raumlose.

Plötzlich sprachen alle wieder zusammen, erhoben sich und machten dreimal eine tiefe Verbeugung. Das Schlußgebet. Während der letzten Minuten hatte ein Mönch ein Licht vor der Buddha-Statue angezündet. (Er stieg dabei auf eine Leiter.) Es leuchtete über uns alle hinweg. In tiefem Schweigen verließen wir die Halle.

Draußen standen wir unter einem Sternenhimmel von unvorstellbarer Pracht. Groß und nah, in leuchtendem Glanz glitzerten und funkelten unzählige Sterne. Es war fast taghell. Der Himmel war wie ein riesenhafter erhellter Raum, das Licht der Sterne führte das Auge in eine Tiefe und in eine Weite des Himmels, wie ich es noch niemals erlebt hatte. Wir gingen im Sternenlicht durch den Garten auf die Straße. Hatte ich die kleinen Gassen mit ihren schweigenden Häuserfronten, vor denen die bunten Lampions wie Glühwürmchen im Winde schaukelten, schon einmal wie an diesem Abend gesehen? So einmalig, neu und frisch? Hatte ich Himmel und Erde schon einmal so gesehen, so unmittelbar, als sähe ich sie zum ersten Mal? Die Sinne waren ganz offen. Alles erschien neu.

Wir trennten uns. Als Ueda und ich vor unseren Häusern standen, die klein und winzig am Berghang lagen, eingefaßt von der Unermeßlichkeit des Sternenhimmels, bekannte ich: »Auch diese Nächte sind ein Geschenk des Zen! Niemals hatte ich sie so erleben können. Und die Ursprache des Himmels dazu!«

In diesen Wochen, in denen das Bemühen wuchs, sich mit Haut und Haaren einer Erfahrung zu überliefern, die der Verstand nicht mehr umklammert hielt, kam es zu einem intellektuellen Einbruch von außen. Unerwartet, unvorhergesehen wurden wir als Zen-Gemeinschaft vor die Frage gestellt: Welche Bedeutung hat das Zen als psychologisches Phänomen innerhalb der modernen Psychologie und Psychoanalyse, inwieweit kann die geistige Disziplin des Zen sich in den Wissensbereich der Psychologie von heute einordnen lassen, inwieweit kann sie zu einer Befruchtung und Erweiterung beitragen und, über den Erfahrungsbereich der Psychoanalyse hinausreichend, hier neue Wege aufzeigen?

Die Frage wurde von einem japanischen Professor der Psychologie aufgeworfen, der, von einem Studienjahr in Amerika und Deutschland zurückgekehrt, sich mit neuem Interesse dem Zen zuwendete. Er beabsichtigte, ein Buch über die Einwirkung des Zen auf den Charakter zu schreiben. In einer längeren Aussprache versuchte er seine Idee zu entwickeln, sie zu begründen und seine Zuhörer dafür zu gewinnen. Er bat um die Mitarbeit besonders der jungen Studenten der Gruppe. Der Nachweis sei nur im Experiment praktisch zu führen. Er forderte die Studenten auf, sich dafür zur Verfügung zu stellen. Aufmerksam wurde er angehört. Die Frage als solche wurde weder diskutiert, noch wurde Stellung bezogen. Der Arzt Ebuchi-san, eines der führenden Mitglieder, dankte mit höflichen Worten. Danach gingen wir auseinander.

Die Anfrage wurde vom führenden Mönch im Auftrage des Meisters abgelehnt.

2
Wer ist, wo ist, was ist Buddha?

Am 1. Dezember begann die härteste Übungszeit des Jahres. Sie dauerte vom 1. bis zum 8. Dezember. In dieser Woche wird den Mönchen das Letztmögliche an Konzentration abverlangt. Sie sitzen – bis auf die Unterbrechungen für die notwendigsten Arbeiten und eine Schlafenszeit von 1 bis 3 Uhr nachts – unausgesetzt. Viermal am Tage werden sie mit ihrer Aufgabe zum Meister gerufen. Zum Sanzen.

Wir Laien kamen um ½ 5 Uhr nachmittags in die Halle (die Zeit war durch Beruf und Studium bestimmt) und saßen mit den Mönchen gemeinsam bis zum Ende des Tages, meistens bis kurz vor Mitternacht. Diejenigen von uns, die es nach der strengen Regel der Mönche verlangte, schliefen auch in der Halle.

Der Meister hatte mir am ersten Übungstag über den führenden Mönch sagen lassen, daß ich am folgenden Tage am Sanzen teilnehmen dürfe.

Im Sanzen wird der Schüler zu seinem Meister gerufen, um von ihm einen *Koan*, das heißt eine Zen-Aufgabe, zu bekommen. Die Aufgabe weckt das Zen-Element im Schüler, bereitet den Durchbruch in die eigene Natur vor. Bis die Aufgabe gelöst ist, erscheint der Schüler wieder und wieder vor dem Meister. Meister und Schüler sind im Sanzen allein. Nur der Meister in seiner Funktion als Meister und als »der Erleuchtete« kann entscheiden, ob eine Aufgabe wirklich gelöst ist. Ist sie gelöst, stellt er die neue Aufgabe. Er führt den Schüler tiefer und tiefer in die eigene Natur, ihn von Koan zu Koan mit »barmherziger Unbarmherzigkeit« auf sich selbst verweisend, bis er in sich selber den Durchbruch, sein *Satori* erlebt. Ich wußte, daß ich mit dem Koan nunmehr in den inneren Bereich des Zen eintreten würde.

Der Arzt Ebuchi-san und Ueda-san, meine besonderen Freunde, führten mich in das Zeremoniell des Sanzens ein. Es gibt darin genau vorgeschriebene Verbeugungen, die eine innere Beziehung zum Sanzen und dem Meister als »dem Erleuchteten« haben.

Am nächsten Abend um ½ 6 Uhr wurde der Holzgong für das Sanzen geschlagen, die Glocke des Meisters ertönte. Zum ersten Mal stürzte auch ich auf diesen Ruf hin aus der Halle – hinter den davoneilenden Mönchen her, die, als hätte ein Windstoß sie hochgeschleudert, mit mühelosen Schritten, kaum den Boden berührend, vor uns her den Wandelgang entlangflogen, hin zum Tempel des Meisters.

Als ich mit Ueda den Eingang erreichte, standen nur noch die streng nebeneinander ausgerichteten Sandalen der Mönche da. Ebenso sorgfältig stellten wir die unseren daneben. Barfuß und schweigend betraten wir von einem Gang aus den großen Tempelraum, in dem sich die Mönche vor dem Sanzen versammeln. Er tat sich im schwachen Mondlicht wie leer vor uns auf. Der Raum ist ein großes Rechteck. Seine Decke ist in der Mitte heruntergezogen in eine zweite, niedrigere Holzdecke, die auf starken Holzpfeilern ruht. Dadurch ist ein Raum im Raum geschaffen worden, ein inneres Rechteck, das Zentrum und Mitte des Tempelraumes ist. Der Boden ist mit Tatami (Strohmatten) ausgelegt. Der übrige Raum umschließt im gleichen Abstand die Mitte, er führt wie ein Wandelgang um sie herum.

Wir schritten an der Innenwand entlang bis zum unteren Ende. Die großen Schiebetüren waren nach außen weit geöffnet, der Mondschein durchflutete in hellen Strahlen den Raum. Vor uns tauchten die dunklen Gestalten der Mönche auf. Sie saßen in langen Reihen hintereinander im Wandelgang an der Außenmauer. Senkrecht aufgerichtet, unbeweglich, in einer Versunkenheit, die Zeit und Raum aufhob, waren sie mit ihren hellen geschorenen Köpfen ein Bild aus fernen Zeiten.

Wir waren die letzten in der Reihe der Laien, unmittelbar neben einer offenen Tür. Die kalte Abendluft wehte über uns hinweg. Vor mir lag der Tempelgarten, mondüberflutet. Über den schmalen Balkon vor der Tür mit seiner Steinbalustrade sah ich hinüber in die alten Bäume des Gartens, auf die schöne, alte Mauer, die den Tempel gegen die Straße abschließt. Die Stimmen der Vorübergehenden schallten laut zu uns herein, dennoch wurden sie nicht wahrgenommen. Das Schweigen im Raum war ohne Resonanz.

Genau nacheinander rücken jeweils die Knienden vor, bis jeder einzelne der Gerufene ist. Damit kommt er an der Glocke zu sitzen, die an einem Pfeiler des inneren Rechtecks steht. Hier wird das Schweigen absolut. Vor dieser Glocke ist der Wartende im Bereich des »Erleuchteten«.

Aus den hinteren Räumen tönt immer wieder in Abständen das Klingelzeichen des Meisters in die Stille hinein. Es ruft den Wartenden. Als Antwort ergreift dieser den Klöppel, der an der Glocke hängt, und schlägt zweimal kräftig in kurzen Unterbrechungen die Glocke an. Ihr

Schall klingt bis zum Meister. Danach verbeugt er sich im Sitzen, steht auf, verbeugt sich noch einmal stehend und schreitet auf den Eingang zu, der nach hinten führt. Über dem Eingang brennt das einzige Licht im Raum. In der Tür liegt ein feuchter Lappen am Boden, auf dem er seine Fußsohlen vom letzten Staub säubert. Ueda schritt vor mir her. Den Gang entlang, der fast dunkel vor uns lag, um Ecken herum, bis wir im Vorraum zum eigentlichen Raum des Meisters standen. Die Türen zwischen den beiden Räumen waren ausgehoben. Ueda trat mitten in die Öffnung und verbeugte sich in der vorgeschriebenen Weise dreimal. Er trat zur Seite, und ich verbeugte mich ebenso. Der Meister saß dem Eingang seitlich gegenüber an der Wand. Er sah den Eintretenden, während dieser ihn noch nicht erblicken konnte. Als ich mich verbeugte, sah ich seine Augen auf mich gerichtet, helle durchdringende Augen. Ich erschrak, tief betroffen. War das ein lebendiger Mensch oder eine Buddha-Statue, die an der Wand aufrecht saß und uns anblickte, bewegungslos, eingehüllt in Stille? In eine Stille, aus der ein Strom von Mächtigkeit und Kraft zu uns überströmte, eine Kraft, die Stille war, und eine Stille, die Kraft war. Ich war noch nie einer solchen Gewalt der Stille in einem Menschen begegnet. Und mich erfaßte große Scheu.

Ich kniete nieder und verbeugte mich – vor dem Meister und vor dem »Erleuchteten«. Aber ich mußte aufstehen und mich auf den genau bezeichneten Platz setzen, ich hatte den Abstand nicht eingehalten. Dann sagte eine ruhige Stimme: »Groening-san.« Und damit begann der Meister zu sprechen, eine lange Zeit. Ich sah ihn an, und während er sprach, geschah etwas in mir, was mir durch einen anderen Menschen noch nie geschehen war: Ich wurde ganz offen, frei. Ein innerer Schwebezustand breitete sich in mir aus. Ich hatte keine Gewichte mehr, ich hatte auch keine Scheu mehr. Ein Gefühl, frei zu sein, freigegeben zu sein, da, wo ich sonst niemals frei gewesen war, ergriff mich. Gleichzeitig fühlte ich mich in mich hineingestellt, in eine innere Sicherheit, die sich in mir auftat wie ein neuer, nie betretener Raum. Den Meister umgab eine Ferne, in der sich keine Zurückweisung verbarg, und eine Nähe, in der kein Heranziehen war.

Ueda übersetzte den Anfang des Gesprochenen. Die Frage des Meisters, ob ich nicht Angst habe, den Gott der Christen zu verlieren, beantwortete ich mit Nein. Dann winkte der Meister ab, die weitere Übersetzung dauerte zu lange. Er ergriff die Klingel neben sich und klingelte. Wir standen auf und verbeugten uns ehrerbietig, und ich war ohne Widerstand, ergriffen von dem Geist, der mich angerührt hatte. Wir verließen rückwärts gehend den Raum. Im Eingang dieselben Verbeugungen wie beim Eintreten.

Unterwegs begegneten wir im Gang dem nächsten. Wir gingen schweigend aneinander vorüber. Auf dem Rückweg verließ man den Tempelraum an seinem oberen Ende, man durchquerte ihn nicht noch einmal. Als wir in die Halle zurückkehrten, hatte die Pause begonnen. Wir gingen nach draußen, sehr still. Im Mondschein gab mir Ueda kurz den Wortlaut meiner Aufgabe in deutscher Sprache. Die Aufgabe lautete:

Ikamuru kore Hotoke. Soku shin soku Butse?

Wer ist, wo ist, was ist Buddha? Damit kehrte ich in die Halle zurück und begann zu meditieren.

Am nächsten Morgen brachte mir Ueda die schriftliche Übersetzung von dem, was der Meister gesagt hatte, und meine Aufgabe. Ich gebe die Übersetzung wörtlich wieder:

»Wenn ein Meister gefragt wurde: ›Wer ist, wo ist, was ist Buddha?‹, antwortete er ohne weiteres: ›*Kokoro*.‹ Das ist der Geist, das Gemüt, der Wille zusammen, das ist, so wie er ist, Buddha.

Diese Bedeutung sollst du mit deinem eigenen Kokoro zeigen. Wenn du eine Antwort darauf weißt, mußt du zum Meister kommen. Aber du darfst auf die Antwort nicht für immer warten. Man muß danach streben, als wenn man Eisen essen müßte.

In der vorbereitenden Atemübung das Rückgrat kerzengerade halten, senkrecht sitzen, die Herzgrube zurückziehen, den Unterleib nach vorne schieben, einatmen, tief und voll, in die ganze Bauchtiefe, beim Ausatmen den Bauch von innen her etwas vordrücken. Zunächst den Atem zählen, Sammlung. Wenn du sie erreicht hast, fängst du an, deine Zen-Aufgabe zu meditieren. Aber nicht mit dem Kopf, sondern mit dem Bauch.

Du sollst zunächst den Gott des Christentums beiseite lassen, auf die lange Bank schieben (in Japan: auf das Wandbrett legen). Sitzen üben!

Aber übrigens hat es den Meister interessiert, daß du, die du eigentlich Christin bist, so fleißig Zen üben willst. Aus einer Kritik zum Christentum heraus oder aus einer Angst vor dem Leben? Der Meister erwartet keine Antwort auf diese Frage.

Sitzen ist eine Methode, also darfst du nicht davon gefesselt werden. Das Ziel ist, die große Befreiung zu erleben und als ein freier Mensch zu wandeln. Frei leben heißt das Leben und den Tod durchbrechen, diese zwei Dualitäten.

»Kokoro« (Herz – Gemüt – Geist)
Zen-Kalligraphie von Meister Ohtsu-Roshi

Wir kennen weder das ›Woher‹ des Lebens, noch das ›Wohin‹ des Todes, wir kennen weder ›vor‹ der Geburt noch ›nach‹ dem Tode. Daß unser Leben in diese finstere Unkenntnis geworfen ist, das macht unser Leben tief angstvoll und fest gefesselt. Wir müssen aus dieser Unkenntnis, dieser Finsternis herauskommen. Dies ist der große Ernst. *She ji jidan.* Deswegen üben wir Zen.«

*

Ich bin nicht aus einer Kritik am Christentum zum Zen gekommen. Diese Auseinandersetzung (wenn ich eine allmähliche, dann immer schneller und ausschließlicher sich vollziehende Ablösung und Entfernung so nennen darf) war schon in früheren Jahren, lange vor dem Krieg 1939 vor sich gegangen. Obwohl ich noch in die Generation gehöre, in der die Erziehung in vollem Umfang religionsgebunden war – jeder Schultag begann mit einer Andacht, am Sonntag ging die Gemeinde auf dem Land in die Kirche, die Bibel wurde in vielen Häusern regelmäßig gelesen, und das »Wort Gottes« wurde der Jugend bei der Konfirmation als unantastbare Wahrheit, als Erhebung im Alltag, als Trost- und Kraftquelle für Zeiten der Anfechtung und Not, als Wegweiser in ein ewiges Leben mit auf den Lebensweg gegeben –, blieb mir ein Glaubenkönnen im Kern versagt. Das Dogma blieb mir fremd.

Dieser Prozeß der Ablösung, zuerst von kindlichen Vorstellungen, dann bewußter und kritischer von den Glaubensinhalten, ging in Schichten, oft mit Schmerzen und innerem Erschrecken vor sich und hat sich erst im Zen vollzogen.

Was mir blieb und worin ich verblieb, war eine tief in

mir wurzelnde Ehrfurcht vor dem Leben, vor einer übergeordneten Kraft im Weltgeschehen.

Das eigentliche Kriterium für meine Unfähigkeit zu glauben war der Zweite Weltkrieg. In den ungezählten Nächten und Tagen, in denen wir in Kellern und Bunkern saßen, die Sirenen heulten, die Bomben fielen, der Boden schwankend unter der Wucht der Explosionen, habe ich mich wieder und wieder gefragt: Was ist jetzt in dir an Glauben, was kannst du noch glauben, woran hältst du dich? Es sind vielleicht die letzten Minuten deines Lebens – was geht in dir vor? Und immer war es dasselbe: Nerven, bis zum Zerreißen gespannt, nackte Angst, die das Herz hämmern ließ, die nach außen unter der Decke einer stoischen Ergebenheit in das Unabwendbare zugedeckt wurde. Auflehnung gegen die Sinnlosigkeit des Krieges, Auflehnung gegen einen Tod, dem ich mich ausgeliefert fühlte ohne eine Beziehung, als Nur-Objekt. Gedanken an die, die ich liebte. Aber auch die Liebe wurde überdeckt von der furchtbaren Spannung der Kreatur in mir. Wo war Glaube? Und sei es nur der Glaube an eine Kraft, die den Tod in ein inneres Schicksal verwandelt? Wo war die Gewißheit des Glaubens, die den Menschen über seinen Tod hinaus zu heben vermag? Ich konnte mich nicht belügen, ich hatte keinen Raum in mir für ein Schicksal, ich war nur Kreatur.

Es war eine harte Erkenntnis. Eine Erkenntnis, die mich hart machte gegen einen gefühlsbetonten Glauben, gegen den Anspruch des Absoluten und Alleinseligmachenden in den christlichen Bekenntnissen.

Aber etwas Kostbares, im Sinne des Lebens Positives, wurde aus Angst und Katastrophen heraus geboren. Das Leben wurde wieder einfach. Das Erleben unmittelbar.

Nach den Angriffen schien die Sonne wie am ersten Schöpfungstage, Erde und Himmel waren wie neu geschaffen. Luft, Licht, Wasser waren wieder Elemente des Lebens, von einer vorher nie gekannten, nie begriffenen Köstlichkeit. Das Leben war die Wirklichkeit, in der der Mensch sich wieder in seine Qualität als Mensch eingesetzt fühlte.

Am Anfang des Krieges hatten mir Freunde ein kleines Buch zugeschickt: D. T. Suzuki, *Die große Befreiung*. Ich las es, und es ergriff mich über den Verstand hinweg. Ich las es wieder, wie man eine Hymne an das Leben liest, den Sinn ahnend und von ihm geführt, ohne die Sprache in ihrem Inhalt zu verstehen. Dieses Buch wurde mir in der Zerstörung der Welt ein Stück fruchtbarer Erde, einer Erde, über der Stille war.

Später stieß ich auf Herrigels *Zen in der Kunst des Bogenschießens*. Dieses von einem Europäer über Zen geschriebene Buch, von einem europäischen Standort aus Zen erfahrend, begriff ich konkreter.

Ich verstand sofort eins: Hier ging es um eine Wirklichkeit in einer Totalität, die ich nur erahnen konnte, hier hatte nur das Gültigkeit, was realisiert wurde. Hier war die Einheit von Denken und Leben, von Leben und Denken, die ich suchte. Hier war eine Freiheit, die alle Gebundenheit aufhob, hier waren die Antworten auf das Leben und auf das Sterben.

Alle Philosophie, soweit ich mit den großen Fragen der Philosophie in ein Verhältnis zu kommen versucht hatte, hatte mir den Weg in diese Freiheit nicht öffnen können. Die Gedanken der Philosophie standen vor mir – in einem abstrakten Raum des Denkens, für den meine Denkkraft nicht ausreichend war. Ich suchte eine Antwort auf die Fragen des Lebens, meines Lebens, die aus meiner totalen Existenz heraus gegeben wurden, die meinen Geist, mein Gemüt, meinen Willen gleichermaßen angingen.

In dieser Zeit griff der Tod in mein Leben ein. Mein ältester Bruder starb. Ich stand vor einem Totenantlitz, über dem Reinheit lag, Größe, der Abglanz eines Offenbar-geworden-Seins einer anderen Dimension, die uns Lebende in ehrfürchtige Entfernung rückte. Vor der Hoheit dieser Verwandlung mußte alle Traurigkeit verstummen, der Maßstab der eigenen Trauer entwertete sich vor der Erhöhung durch den Tod. Aber die Frage ließ mich nicht mehr los: Was ist der Tod? Wohin führt er uns? Was wird er mir bedeuten? Wie soll ich mich auf ihn vorbereiten?

Ich hatte nicht lange Zeit, der Frage nachzugehen. Wieder stand ich vor dem Totenantlitz eines Menschen, mit dem ich aufs innigste verbunden war. Ich sah in ein vom Kampf beschädigtes, zerwühltes und zerrissenes Gesicht, in dem das jähe Entsetzen, die Qual des Sterbens eingegraben war. Der Tote war einem Mord zum Opfer gefallen. In meine trostlose aufgewühlte Verzweiflung hinein stellten sich jetzt wie Felsblöcke die Fragen: Was hat es mit dem Tod auf sich? Bleibt er derselbe, auch wenn das Sterben ein anderes ist? Was ist der Tod?

Ich faßte jetzt zum ersten Mal den Plan, nach Japan zu gehen, um einen Eingang in das Zen zu suchen. Aber bevor die Verbindungen, die ich aufnahm, mir die Wege nach Japan öffneten, sollten weitere zwei Jahre vergehen. Ich versuchte, mein inneres Gleichgewicht in einer neuen Arbeitsgemeinschaft mit einem jüngeren, hochbegabten Arzt wiederzufinden. Der viel Jüngere erlitt einen Herzinfarkt. In drei Tagen und Nächten kämpfte ich mit

Freunden um sein Leben. Wieder erlebte ich den Tod. Dieses Mal stand ich daneben, als er kam. Er ergriff einen Erfahrenen, der wissend und bewußt seinen Todeskampf und ohne ein Wort der Klage seine große Todesangst bestand. Er starb, wie er gelebt hatte, ein wissenschaftlich Denkender, der bis zur letzten Minute seine Anweisungen gab, um dem Tod überlegen zu bleiben. Jetzt griff ich endgültig die Fäden auf, die nach Japan führten und in das Zen. Im Inneren gleichgültig, skeptisch, sachlich, ohne jede Bereitschaft zu glauben, kam ich zum Zen.

*

Wer ist, wo ist, was ist Buddha?

Mit dieser Aufgabe stand ich vor dem Tor zum Zen. Gab es ein Tor darin? Ich begriff, daß alles, was ich bisher über Zen gelesen hatte, mir das Wesentliche nicht hatte erschließen können. Ich fand keinen Zugang zu der Aufgabe, mehr noch, ich wich vor ihr zurück.

Wer ist Buddha? Hatte mir Buddha jemals mehr bedeutet als Christus? Ich sah in Buddha wie in Christus und Mohammed die großen Führer der Menschheit, die Wegweiser und Wegbereiter in die Menschwerdung des Menschen, ich verehrte in ihnen den vollkommenen Ausdruck des Menschlichen, ohne aber an ihre göttliche Sendung im Sinne einer göttlichen Inkarnation glauben zu können. Was war gemeint mit dieser Aufgabe? Sollte ich in ihr Christus mit Buddha ablösen? Ich war zum Zen gekommen, um Zen zu studieren. In vollem Ernst, mit bestem Wollen, aber in der kritischen Haltung eines Prüfenden, der gewillt ist, sowohl Inhalte und Werte der unbekannten Disziplin wie auch die eigenen Erfahrungen einer nüchternen Prüfung zu unterziehen. Es war die Einstellung eines Europäers zu einem neuen Wissensgebiet.

Ich gab diese Einstellung schon in der Anfangszeit meiner Einführung in das Zen auf. Aus den ersten Erfahrungen des Übens heraus hatte ich begriffen, daß es im Zen nur ein Entweder-Oder geben kann, einen totalen Einsatz ohne Vorbehalte und Rückhalte. Wer sich zu diesem Einsatz nicht bereit erklärt, übt nicht Zen, sondern macht ein psychologisches Experiment. Das aber ist eine blasse Torheit, gemessen an Zen.

Diese Einsicht gab mir Mut. Ich wandte mich mit ausschließlichem Bemühen meiner Aufgabe zu, alle Gedanken darüber fallenlassend. Es gelang mir, still zu sein. Nach einiger Zeit des Übens versank auch die Aufgabe. Plötzlich, wie wenn mich ein Blitz getroffen hätte, stand die Frage in mir da: Wer bin ich? Ich glaubte, dieses sei die Antwort. Noch niemals bisher war ich im Üben in diesem Bereich des Versunkenseins angekommen, ich hatte eine Berührung gehabt mit einer Tiefe in mir, die mich auf eine unerklärliche Weise glücklich machte. Ich bat Ueda, mit mir zum Sanzen zu gehen. Der Meister hörte meine Antwort. Er begriff sofort, daß diese Aufgabe meinem damaligen Zustand nicht entsprach. Er gab mir eine neue Aufgabe. Sie lautete:

»Wie kannst du den Glockenklang, indem er läutet, zum Stillstand bringen? Wörtlich: bis die klingende Glocke zum Stillstand gebracht ist, nur Sitzen, auf daß alles andere als der Glockenklang abstirbt.« Ueda sagte: »Wenn du die Lösung gefunden hast, sollst du wieder zum Meister kommen. Aber wenigstens einmal bis zum Ende dieser Übungszeit.«

Die neue Aufgabe brachte mich in einen Aufruhr, der

wie ein Taifun in mir wütete. Mein Intellekt rannte, bildlich gesprochen, mit dem Kopf gegen die Wand der Aufgabe an, besessen, eigenmächtig und gleichermaßen tief ohnmächtig. Ich stand in mir in einer Finsternis ohnegleichen, in der ich hilflos umherzuirren begann. In meiner Verzweiflung fing ich an zu spekulieren. Was ist eine Glocke? Materie. Was ist Klang? Schwingung der Materie. Kann ich den Klang im Klingen zum Stillstand bringen, wenn ich die Materie zerschlage? Ich geriet in eine Bedrängnis, die mich wie ein Schraubstock umklammert hielt, ich wußte nicht mehr ein noch aus. Bis ich mich mit einer Willensanstrengung, die mir den Schweiß aus den Poren trieb, von allen diesen intellektuellen Überlegungen frei machte. Ich saß und horchte nur noch in mich hinein, tief erschöpft. Ich versuchte, die Glocke in mir zu hören. Wieder spannte ich meinen Willen bis zum äußersten an, sie wirklich zu hören. Mit allem Willen, den ich aufzubringen vermochte, unterdrückte ich die Gedankenfetzen, die durch mein Gehirn schossen, die Gefühle, die mich wie krächzende Raben verhöhnten, meine Empfindungen, Unruhe, Widerstand, Aufruhr. Endlich wurde ich still. Ich glaubte, nach Stunden harten Bemühens, den Glockenklang in mir zu hören, und dann versank auch dieses Hören. Ich ging wieder zum Sanzen. Ueda sagte laut vor dem Meister meine Aufgabe, ich antwortete sofort darauf: »Mein Ich hörte nicht mehr, da war die Glocke still.«

Der Meister sagte mit großer Strenge:

»Komme nicht mit Erklärungen, bringe mir den Zustand, in dem du nichts mehr hörst. Werde eins mit dem Glockenklang.«

Die Antwort des Meisters traf wie ein Schwerthieb genau in die Nahtstelle. Ich fühlte mich aus einem Im-Kreis-Herumirren erlöst, aus einem intellektuellen Kerker befreit. Die Antwort hatte mir die Tür geöffnet in die Dimension, aus der heraus die Aufgabe gestellt worden war und in die hinein die Aufgabe mich führen sollte. Zu beiden mußte ich mich neu zurückfinden, zum Hören und zum Nicht-mehr-Hören.

Hatte ich jemals den Klang einer Glocke wirklich gehört? Unmittelbar, mit der Offenheit meines Wesens? Einer Offenheit, in der es weder Vorstellungen noch Gefühle, weder Verstand noch Wissen gab, sondern nur Realität? Hatte ich den Klang einer Glocke so gehört, daß ich mit dem Klang eins werden konnte? War nicht zu viel in mir davorgestellt? Konnte ich die Gewichte, an denen ich trug, von mir abschütteln, konnte ich aus den Abstraktionen des Verstandes herausfinden in die Offenheit des Lebens, in eine Leere, in der jede Lebensäußerung zu einem schöpferischen Impuls wird?

Wie konnte ich diesen Weg finden? Im Sitzen und wieder Sitzen?

Ich betrat die erste Stufe auf diesem Wege. Die Glocke hören *wollen*, welcher Irrtum! Sich öffnen, an nichts mehr festhalten, zur Glocke werden, mit der Glocke eins werden?

Unsagbar zögernd dämmerte in mir ein Begreifen herauf, was es mit diesem Einswerden auf sich hat. Die Totalität des Lebens. Eine Totalität, die nur im Einswerden mit dem Ursprung in sich selber Wirklichkeit werden kann. Darum gibt es für den Zen-Übenden nur eine Richtung, ein Ziel in seinem innersten, konzentrierten Bemühen: die unbewegte Mitte, den Ursprung.

Er ist das Licht, auf das der Übende zugeht. Mag er

sich noch so tief verbergen in einer Tiefe, die unauslotbar, unergründlich und unerreichbar sich auftut – die Gewißheit dieses Ursprungs in sich selber als das Wesen und Wesentliche seiner Existenz und der Existenz alles Lebens zwingt den Übenden, durch alle Zweifel und Verzweiflung hindurch an seinem harten Bemühen festzuhalten. Sein Ich, das Bewußtsein seines eigenen Ich wird substanzlos auf diesem Wege. Die inneren Kämpfe und Auseinandersetzungen mit dem eigenen Ichbewußtsein, mit seiner intellektuellen Vormachtstellung im Lebensgefühl, mit seinen Ansprüchen an das Individuum, seine Auflehnungen und Widerstände gegen einen Einschmelzungsprozeß, werden in der Zen-Schulung von vornherein an die Peripherie des inneren Geschehens gerückt.

In der äußersten Konzentration auf die Mitte bleiben die Stimmen des Ichgefühls gleichermaßen ohne Resonanz, sie werden gehört und nicht mehr gehört, ohne Bejahung und ohne Ablehnung, bis sie in sich selber zerfallen. Sie sind die Wolken, die über den Himmel ziehen und die Sonne verdunkeln, aber die Existenz der Sonne niemals berühren können. Wie sollte ich als Europäerin diesen ungeheuerlichen Verzicht leisten können? Konnte ich diesen Schritt, die Aufgabe meines Ichs, tun, ohne damit den europäischen Boden meiner Herkunft zu verleugnen, ohne meine Wurzeln aus dem europäischen geistigen Boden zu lösen?

War ich nicht wie jeder im Westen Beheimatete im Denken und im Leben tief verwurzelt in dem Bewußtsein von der Einmaligkeit meiner individuellen Existenz? War nicht mein Ich der Ausdruck dieser Einmaligkeit? Galt nicht im Westen als höchster Ausdruck der individuellen Entwicklung die Persönlichkeit?

Ich wußte, ich stand vor einem Kampf mit mir selber, der an die Wurzeln meiner Existenz rührte. Würde ich ihn bestehen? Der Meister hatte gefordert: »Bringe mir den Zustand, in dem du nichts mehr hörst. Werde eins mit dem Glockenklang.« Ueda-san sagte mir auf meine Frage, was es mit einem solchen Zustand auf sich habe: »Wir haben im Japanischen ein Wort: *Tai-toku*. Tai heißt Körper, und toku heißt greifen und gleichzeitig das Gegriffene bereithalten im Leib.«

Die uralte Weisheit des Ostens eröffnete sich vor mir in dieser Erklärung. Körper und Geist sind für den östlichen Menschen eine konkrete Einheit. Im Osten ist der Mensch in seiner Gestalt, wie alles Geschaffene, eine Einheit von Materie und Geist-Bewußtsein. Das eine ist untrennbar vom andern. In Materie und Geist als Einheit manifestiert sich das Leben schlechthin. Eine Trennung in Körper und Geist ist für den Osten eine Abstraktion des Verstandes.

Zum ersten Mal, seit ich Zen übte, geriet ich jetzt in eine Auseinandersetzung mit der christlichen Weltanschauung. Nach der christlichen Lehre ist der Mensch von Geburt an hineingestellt in den Kampf zwischen Gut und Böse, in den Gegensatz des Tierhaft-Triebhaften seines Fleisches und der höheren Vernunft seines Menschentums. Einen Gegensatz, den Paulus so ausdrückt: »Das Gute, das ich tun will, das tue ich nicht, aber das Böse, das ich nicht tun will, das tue ich.«

Aus diesem steten Kampf erwächst das Schuldgefühl des Christen, seine Entzweiung mit dem Leben, seine Verstrickung in Schuld und Sühne. Auch ich fühlte mich darin gebunden. Über den *Koan* brachen die ersten Strahlen eines übergöttlichen Weltgedankens in mich ein, in die Welt der Gegensätze in mir, in den Kampf um Gut und Böse.

Der Gedanke einer Einheit von Materie und Geist, zum ersten Mal aus dem Raum des abstrakten Denkens hineingenommen in den Erfahrungsbereich meiner inneren Welt, tat sich mit ungeheurer Weite vor mir auf. Die Welt des persönlichen Gottes, des Vater-Kind-Begriffes im christlichen Glauben, brach jetzt endgültig in mir zusammen. Ich stand vor dem Nichts – und ich fürchtete mich sehr.

Fragen kamen und blieben ohne Antwort:

Wenn der Mensch unverletzbar bleibt in seinem Ursprung, was ist dann Sünde? Was ist Schuld? Wie können wir richten, über Gut und Böse entscheiden? Was berechtigt uns, ethische Forderungen aufzustellen? Warum leben wir, wenn dieses Leben über nichts entscheidet, wenn wir sind, wie wir sind, und aus diesem Leben wieder hinausgehen, wie wir sind?

Ich legte diese Fragen still auf das Wandbrett und übte Sitzen. Eine Periode kam, in der ich mich jeden Intellekts beraubt fühlte, in der ich jede Fähigkeit zu denken verloren hatte.

3
Das torlose Tor

Am 9. Februar sprach der Meister in seinem Vortrag über die Vorrede zu einem Zen-Buch, die der Verfasser des Buches, ein Zen-Meister im 8. Jahrhundert, selber geschrieben hatte. Das Buch heißt *Mumonkan*. Es ist das erste wirkliche Zen-Buch. Der Mönch, von dem es stammt, heißt Mumon Ekai. Ueda gab mir zusammengefaßt wieder, was der Meister erläutert hatte:

»Es gibt überhaupt kein Tor zu Zen. Dieses ist aber gerade das Tor zu Zen. Kein Tor! Wie gehst du durch dieses ›kein Tor‹ zu Zen hindurch?

Was von außen durch das Tor hereingebracht wird, ist kein Schatz des Hauses, so lautet ein altes Sprichwort. Die 48 Artikel über Zen-Auseinandersetzung, die hier zusammengetragen sind, sind vom Zen aus ganz überflüssig, wie wenn man die heile Haut mit Absicht verletzen würde. Es ist nirgends ein Tor! Man darf sowenig nach diesen überflüssigen Worten Zen verstehen und realisieren, wie man mit einem Stab den Mond erreichen und schlagen kann, es hilft nichts! Diese 48 Artikel sind gar kein Tor, das ist die Bedeutung von *Mu-Mon-Kan*.

Also mußt du es überrennen, das Tor. Unter Lebensgefahr mit einem Sprung und in vollem Sprung hinein, so mit einem Sprung und in vollem Sprung hinein, daß der Stärkste dich nicht hindern kann!

Wenn du durch dieses Zen-Tor, Nirgends-Tor, hindurchkommst, dann kommen auch Buddha und Bodhidharma* zu dir, um dich um ihr Leben zu bitten. Wenn du aber auch nur ein wenig vor diesem ›kein Tor‹ zögerst, ist es so, als ob in diesem Augenblick Zen schon an dir vorüber ist, wie wenn du durch ein Fenster ein laufendes Pferd siehst.

Anders ausgedrückt: Nirgends ein Tor zu Zen, und doch führen dahin verschiedene Wege. Kommst du durch dieses ›kein Tor‹ hindurch, dann läufst du allein, selbständig durch Himmel und Erde. Nirgends ein Tor auf der hohen Straße, das bedeutet Zen selbst.«

*

Es kam eine Zeit der Anfechtungen, der Mutlosigkeit und Verzagtheit, einer Hoffnungslosigkeit, jemals das Ziel zu erreichen. Ich war wie ohne Haut, verletzbar und den widerstreitendsten Kräften in mir ausgeliefert. Eines Abends sprach ich mit Ueda über diesen Zustand. Ich brauchte Trost. Wir stiegen auf den Berg hinter unserem Haus, um dieses Gespräch zu führen. Ueda sagte:

»In Ihrer Verzweiflung kann ich Sie nicht trösten, und Sie können auch nicht getröstet werden. Nur eins kann ich Ihnen sagen: Ihre Verzweiflung ist nicht nur Ihre eigene Verzweiflung, sondern die unvermeidliche Verzweiflung, in die jeder ernsthaft Zen-Übende geraten muß und aus der ein jeder nicht mehr herauszukommen glaubt.

Diese Verzweiflung kommt nicht aus Ihrem persönlichen Mangel an Vermögen und Fähigkeit, sondern ist auf

---

* Bodhidharma: ein indischer Mönch (etwa 470–543 n. Chr.), Begründer der in China *Ch'an* und in Japan *Zen* genannten Schule des Buddhismus.

jene Weise des Zen zurückzuführen, die alles raubt. Zen beraubt den Hungrigen noch seiner Speise. Und doch ist die Weise, alles zu rauben, die Zen-Weise, alles zu geben. Deswegen treibt der Zen-Meister mit barmherziger Unbarmherzigkeit den Zen-Übenden in die Verzweiflung hinab. So vieles ist noch in Ihnen, dessen Sie beraubt werden müssen.

Ihre Verzweiflung bedeutet für mich, daß Sie auf die Zen-Weise des Zurückgewiesenseins auf sich selber beim ersten Tor des Zen stehen, wo entschieden wird, ob der Weg in die gewöhnliche Welt des Lebens zurückführt oder ein Schritt in Zen getan wird.

Sie sagen, Sie möchten zu Ihrer Ihnen vertrauten Welt in Deutschland zurückkehren. Ich glaube, ein jeder leidet an Heimweh in einem fremden Land. Ich bin herzlich mitleidig mit Ihnen, daß Sie an Heimweh leiden. Aber wenn Sie im Zen einen Schritt weitergehen wollen, muß ich Sie fragen: Wo ist denn Ihre Heimat? Auch im Zen können Sie nach Hause kommen. Sie haben Deutschland verlassen, um in Japan Zen zu üben. Bedeutet das nicht, daß Ihr Sein eine Seinsheimat sucht? Mit Ihrem Heimweh sollten Sie gerade jetzt die Heimat in sich selbst suchen.«

Um mich aufzurichten, erzählte er mir diese beiden kurzen Zen-Geschichten:

Ein Zen-Meister der alten Zeit begann seinen Vortrag vor den Mönchen mit den Worten: »Zwanzig mühevolle Jahre . . .« Da ergriff ihn ein Weinen, das nicht aufhören wollte. Er konnte nicht weitersprechen und ging hinaus . . .

Und die andere Zen-Geschichte: Als ein Meister noch Mönch war und sich hart um Zen mühte, sagte er jeden Abend mit Tränen bei sich: »Auch heute habe ich wieder umsonst verbracht, wie soll ich es morgen machen?« Er wechselte kein Wort mit anderen Mönchen.

*

In dieser Zeit hatte ich eines Nachts ein Erlebnis von einer Größenordnung, die außerhalb meines normalen Lebens lag. Es war ein Erlebnis von so unpersönlichem Charakter, daß es mir ein Gefühl hinterließ, als wäre es ein Ereignis an sich gewesen, das mit mir als Individuum nichts zu tun hatte. Deshalb legte ich es schweigend beiseite.

Unter dem Druck der mich ergreifenden inneren Verzweiflung, Angst und Verstörtheit holte ich es wieder aus mir heraus und erzählte es Ueda. Es war so gewesen: Ich hatte in diesen Tagen viel gesessen und mich mit meiner Aufgabe, wie werde ich eins mit dem Klang einer Glocke, herumgeschlagen. In dieser Nacht nun wurde ich plötzlich hellwach, wie wenn eine Alarmglocke mich aufgeweckt hätte, und ein Prozeß der inneren Lösung, aber ganz körperlich, ging mit großer Intensität weiter. Ich war von einer Hellsicht in diesem Zustand, die alles festhalten wollte und die Zusammenhänge in mir aufdeckte. Ich wurde wieder frei, wie ich es noch nie erfahren hatte.

Dann war ich in einem Zustand, der außerhalb jeder Vergleichsmöglichkeit war. Ich war mitten in mir, unwiderruflich. Diese Mitte lag viel tiefer »innen« als alles, was ich bisher als Innen erlebt hatte. Gleichzeitig war ich in einer Stille, die mich raumlos in tiefer Lautlosigkeit umschloß. Es war das Tiefste an Stille, was meine Sinne jemals gekannt hatten, und gleichzeitig umschloß diese Stille mehr lebendige Kraft, als ich je hatte erfassen können. Es war ein Erleben, das alle Vorstellungen überschritt.

Aus dieser Mitte strahlte große Kraft, eine freie Kraft. Das Bewußtsein meines körperlichen Ich war aufgehoben. Ich war gleichzeitig mitten in den Dingen, die ich sah, wie in den Gedanken, die ich dachte, in einer unbeschreiblichen Unmittelbarkeit, von der ich wußte, während ich sie erfuhr, das ist die Realität.

Dieser Zustand war vollkommen, er war so übergeordnet in seiner Stille und Kraft, daß ich, wenn ich mich nicht scheuen würde, es auszusprechen, sagen müßte, es war ein göttlicher Zustand. Helligkeit war in mir. Staunen war in mir, ein Staunen über: Das ist die Wirklichkeit, so ist sie. Und ein Wissen von einer Freiheit über alle Zeit, von der ich nicht weiß, ob es Sekunden oder Minuten waren, ein klares Wissen über diesen Zustand. Dann schlief ich ein, sehr tief.

Am nächsten Tag hatte ich noch Helligkeit in mir, aber so, als hätte ich Berührung mit einer Welt gehabt, die nicht in mir ist. Ich wagte nicht, daran zu rühren; mit Scheu hüllte ich dieses Erlebnis – auch vor mir selbst – in Stillschweigen. Ich war mir fremd darin.

Und nun kommt das Unbegreifliche. Ich geriet in einen Zustand von Verzweiflung, Heimweh und großer Angst. Ich fühlte mich in einer Dunkelheit, die kein Lichtschein erhellte, und ich fühlte mich gebundener und materieller denn je zuvor. Ich wollte weg.

Warum hatte ich dieses erfahren? Es war das Dichteste an Da-Sein, was je in mir war. Ein Gegenwärtig-Sein, in dem alles beschlossen war. Ich hätte mir dieses nie ausdenken können, es ging über alle Begriffe hinaus.

*

In den darauffolgenden Wochen war ich in einem Grenzland angekommen. Es war eine Zeit heftiger Schwankungen. Ich sehnte mich zurück nach der gewohnten Ordnung in meinem Leben, nach einer Arbeit, die ich vor mich hinstellen konnte. Dann wieder war mir der Weg, den ich beschritten hatte, mehr wert als mein persönliches Leben. Etwas beharrte dabei, mit Zweifeln und Widerständen, den Weg des Zen weiterzugehen. Die Zuversicht wuchs, daß er mich in ein Leben führen würde, das wert war, gelebt zu werden. Mit neuem Mut, neuen Kräften und neuem Glauben. Dazwischen mahlten wieder die Mühlsteine des Zweifels, des rationalen Denkens, der Ichhaftigkeit. Ich sah mich von außen und spottete über diesen Don Quichotte – es war eine harte Zeit.

In Illusionslosigkeit, die mich unerwartet hart traf, und mit spöttischer Haltung realisierte ich in diesem Abschnitt meinen Ichzustand. Es war ein Zusammenprall, in dem ich meinen Halt verlor. Ich fürchtete zum ersten Mal in meinem Leben um meinen Verstand. Ich sprach ohne Kontrolle, ich sagte etwas, was ich nicht hatte sagen wollen, ich wurde von Impulsen, die ich nicht beherrschte, hin- und hergeschleudert. Mein Ich lag nackt und bloß vor mir als mein Widersacher, und ich durchschaute wie von einer höheren Ebene aus die Eigenmächtigkeiten und Machenschaften dieses »Ich«. Ein Bewußtsein davon, wieweit dieser Ichzustand mein Leben beherrscht, die Wirklichkeit des Lebens blockiert hatte, wurde mir klar. Ich begriff plötzlich, daß es die Tücke des »Ich« ist, zum Kampf um das »Ich« herauszufordern.

Mit dieser Erkenntnis war keineswegs der Ichzustand in mir überwunden. Dennoch war ich befreit. Der Raum in mir hatte sich auf eine unfaßbare Weise erweitert. Das

Gefühl der Angst, ungeahnten, unbekannten und unbeherrschten Kräften in mir ausgeliefert zu sein, verließ mich. Ich wußte, ich mußte nicht mehr kämpfen, ich stand, wenn auch zitternd und bebend, jetzt über dem Kampf. Ein Hauch von der unpersönlichen Kraft des Lebens in mir hatte mich angerührt.

Die Frage nach der Einheit alles Lebens, des Einsseins mit mir selber und somit allem Leben, erfaßte mich stärker und realer als je zuvor. Bisher hatte ich den Versuch gemacht, dieses Einssein zu denken. Der Gedanke war nicht in mir, er stand vor mir, ungeheuerlich, einen gewaltigen Schatten werfend, einen kosmischen Schatten. Aber ich, in meiner Eigenschaft als menschliches Wesen? Ich blieb vor diesem Gedanken ein Einzelwesen, das sich im Bereich des Schattens, der den Kosmos ausfüllte, verloren fühlte – wie allein auf dem Gipfel der Welt stehend.

Es war der Atem, dem ich mich in meinen Übungen auf eine neue Weise zugewandt hatte, der diesen Gedanken gleichsam von außen in mich hineinholte, ihn in mir »verkörperte«, indem er ihn in mir mit einer tieferen Denkkraft, als sie mir bisher eigen gewesen war, aus einem neuen Bereich des Denkens heraus erschloß. Während des Atmens fiel der Gedanke in mich hinein oder stieg in mir auf: Das Einssein nicht denken als etwas Außerordentliches, Überdimensionales, sondern es leben, es ist in dir, es ist das Leben selbst. Im Atmen realisiert es sich.

Ich hatte bisher die Anweisung des Meisters, den Atem tief und voll in mich hineinzuholen, wörtlich befolgt. In meinem neuerlichen Üben, dem ich mich auf eine leisere und angriffslosere Weise zuwendete, begriff ich die Eigenmächtigkeit und Gewalttätigkeit dieser Verhaltensweise. Ich war in der Eigenmächtigkeit des Subjekts dem Objekt gegenüber verblieben, wenn ich atmete. Ich versuchte nun, aus der Willensanspannung herauszukommen. Ich warf jeden Gedanken, jede Vorstellung von Atemübung von mir. Mein ganzes Bemühen kreiste um Lassen, um einen neuen Zustand. Ich kam allmählich in eine innere Sammlung hinein, in einen Zustand der Gesammeltheit, in dem weder Geist noch Körper führend, in dem Subjekt und Objekt nicht mehr existent waren. Der Innenraum meines Atems ging von da aus in eine andere Dimension über. Die Abgrenzung zwischen »außen« und »innen« war darin aufgehoben, es wurde ein »kosmischer« Raum. Ein inneres Begreifen erfüllte mich. Ein Begreifen, das ich wie einen Schöpfungsakt in mir erlebte und das mich mit einer Freudigkeit erfüllte, in der sich alle Unsicherheit auflöste. Ich verstand plötzlich, daß in der Einatmung, jedesmal neu, ein Anfang geschieht, ein Anfang des Lebens in mir, daß es die Kraft des Lebens in mir ist, die den Atem hereinholt, nicht mein Wille. Ich begann auf den inneren Atemimpuls zu hören, auf das Einswerden meines Willensimpulses mit dem inneren Atemimpuls. Mir bedeutete diese Erkenntnis so viel, daß mir alles bisher Erfahrene dagegen als ein Vorläufiges erschien.

Ein Prozeß inneren Wachstums (ich finde kein anspruchsloseres Wort) vollzog sich jetzt ohne mein Zutun in mir. Der Intellekt griff dem Erkennen nicht mehr vor. Der Erkenntnisvorgang stand über dem intellektuellen Begreifen. Ich hatte vergessen, was in den Büchern über Zen geschrieben stand, als hätte ich sie nie gelesen. Was ich realisierte, und was ich begriff, kam unmittelbar aus einer Erfahrung heraus, die mir aus einer nie gekannten

Fülle des Erlebens, aus dem Reichtum des Lebens zuwuchs. Aus dem Erleben heraus formulierten sich Worte, deren Inhalt mir verschlossen gewesen war, weil ich sie in ihrer Größe nicht hatte realisieren können. So das Wort »kosmisch«. An einem Abend saß ich mit Morimoto-Roshi (Zen-Meister in einem Studenten-Tempel bei Kioto) und Ueda im Garten auf den Stufen der Zen-Halle dieses Tempels. Am Himmel stieg der Mond auf, riesengroß, seine Kugel füllte die Weite des Himmels mit einem goldenen Licht.

Das Gespräch ging zwischen Morimoto-Roshi und Ueda hin und her, stundenlang, unterbrochen von Schweigen. Das Gespräch eines Meisters mit seinem Schüler. Ich hörte ihm nicht mehr zu. Ich saß und ließ mich hineinnehmen in den Himmelsraum. Der Mond stieg höher und höher. Das leuchtende Licht des Mondes erhellte die Weite des Himmels in einer Transparenz, die den Raum des Himmels ins Unendliche hinein öffnete, aufweitete. Die Unendlichkeit des Weltenraumes tat sich dahinter auf. Welten auf Welten stiegen auf aus dem Ursprung, aus der ungeheuren Intelligenz des Ursprungs. Da ergriff mich das Wort »kosmisch« in seinem Sinn. Wir saßen, unendlich klein als menschliche Lebewesen auf den Stufen des Tempels, eingeschlossen in eine Weite, hineingestellt in eine Größenordnung, die alle Maßstäbe menschlichen Denkens überschritt. Der Kosmos umschloß uns, nicht Erde und Himmel in Grenzen, die das menschliche Denken gesetzt hatte, in Maßstäben, die das Ich des Menschen spiegelten.

Morimoto-Roshi hatte Ueda gebeten, mir einige Stellen aus dem Zen-Buch von Bankai zu übersetzen. Ich gebe sie hier im Wortlaut wieder:

»Ich habe einst einen Mönch gescholten, der einen anderen Mönch, der im Sitzen eingeschlafen war, geschlagen hat. Sind wir schlafend ein anderes Selbst als im Wachen? Der Schlafende ist zwar nicht zu loben, aber derjenige, der den Schlafenden schlägt, ist in einem großen Irrtum. Schlafen ist sowenig lobenswert und sowenig tadelnswert wie Wachen. Schlafen ist weder lobenswert noch tadelnswert, Wachen ist weder tadelnswert noch lobenswert. Wenn wir schlafen, schlafen wir mit dem Buddha-Herz. Wenn wir wachen, wachen wir mit dem Buddha-Herz. Wir schlafen mit demselben Buddha-Herz, mit dem wir auch im Wachen sind. Wir bleiben also stets das Buddha-Herz und werden nie anders. Dasjenige, was wir nur im Wachen bei uns behalten und im Schlafen verlieren, ist keineswegs das Letzte und Höchste, sondern nur etwas Veränderliches und Vergehendes.

Weil wir Buddha zu werden versuchen, halten wir das Schlafen für faul und tadelnswert. Und so geraten wir in einen großen Irrtum. Nicht daß wir Buddha zu werden versuchen und danach streben, sondern daß wir Buddha sind, ist das Eigentliche!

Buddha zu werden ist sehr schwer, fast unmöglich. Buddha zu sein ist einfach und leicht und fröhlich, denn wir sind, wie wir ›sind‹. Daß wir ›sind‹, heißt, daß wir das Buddha-Herz ›sind‹. Wir sind geboren als Ungeborene, wofür es weder ein Noch-nicht-Buddha-Sein noch ein Buddha-Werden gibt. Seid das ungeborene Buddha-Herz!

Aber ihr sollt auch nicht versuchen, ungeboren zu werden! Wir brauchen nicht ungeboren zu werden. Ungeborenwerden ist gar kein Ungeboren. Wir sind ungeboren.

Das ungeborene Buddha-Herz, das uns durch Geburt von Eltern überliefert ist, ist das einzig wahre Geschenk der Eltern. Wir hören oder sehen nicht mit dem Vorsatz, zu sehen oder zu hören. Vorher schon ist es ins Auge oder ins Ohr hineingekommen. Wenn wir sehen, sehen wir schon vor jedem Bewußtsein, daß wir sehen. Wir sehen mit dem Buddha-Herz. Das Buddha-Herz ist deswegen ›Buddha-Herz‹, weil es ›ungeboren‹ ist. Alles Anwesende ist vollendet und abgeschlossen in diesem ungeborenen Buddha-Herz, alles Anwesende ist in Ordnung und Vollendung.«

Ein Mönch fragte einst den Meister: »Alle staubigen Gedanken und irrigen Meinungen sind schwer zu unterdrücken, wie soll ich sie unterdrücken?« Meister: »Der Versuch ist schon als solcher ein staubiger Gedanke.« Es geht mit solchem Unternehmen, wie wenn einer laufend dem Laufenden in sich nachläuft. Ich bin es, der läuft, und ich bin zugleich derjenige, der nachläuft. Das heißt, ich bin entzweit mit mir selber.

4
Der Wind wehet, von wo er will

Eine Wegstrecke lang stand der Tod im Vordergrund und Hintergrund meines Denkens. Ich rechnete mir nüchtern aus, wie lange Zeit ich noch leben kann, was das bedeutet – wie kurz oder wie lang diese Zeit ist, gemessen an der Zeit meines gelebten Lebens. Ich fragte mich streng: Womit fülle ich meine Tage aus, welche Gedanken, Wünsche, wieviel Begehren nach den zehntausend Dingen beherrschen mich, wieviel Nichtiges ergreift mich? Was ist nichtig, und was ist wesentlich? Was ist Zeit?

Ich kannte Augenblicke am frühen Morgen, wenn der Himmel voller Licht aufleuchtete, die Erde im neuen Licht des Tages aufglänzte, die Nebelschleier über Bergen und Gärten von innen her im Licht aufflimmerten und transparent wurden, in denen mein Herz dachte: Dieser Augenblick umschließt das Leben.

Der Gedanke an den Tod wurde wie der Gedanke an das Leben immer einfacher. Die Angst und Furcht, die mich mit abgewandtem Gesicht an den Tod hatte denken lassen, die den Tod zum Gegner und Gegenspieler des Lebens gemacht hatte, die das Ich aufhören ließ zu sein (ein Ich, das mir nicht mehr Anfang und Ende des Lebens bedeutete), fiel von mir ab, still wie ein Blatt vom Baum. Kampflos wuchs in mir die Gewißheit: Leben und Sterben sind ein und dasselbe. Der Tod ergreift mich, wie mich das Leben ergriffen hat; wenn ich mit dem Leben eins bin, bin ich eins mit dem Tod.

Ein Erlebnis in den Bergen, zu Anfang des Weltkrieges 1939, wurde wieder lebendig in mir. Ich machte damals meine erste Gletscherwanderung mit Führer am Seil. Wir sprangen über Gletscherspalten, die, im Eis verlaufend, sich in gefährlicher Tiefe nach unten hin in das Eis öffneten. Wir waren in einer Höhe, die ohne kreatürliches Leben war, in Einsamkeit und Stille wie am Anbeginn der Zeiten, in Zeitlosigkeit, in der menschliches Fühlen und Denken wie der Wind war, der über die Flächen hinwehte. Der Strom der Stille, die rauschte wie Wasser, nahm mich in sich auf. Ich wurde mir als Ich belanglos. Ich war ohne Angst. Ich stellte mir vor, ich müsse hier sterben, es war mir natürlich, ohne Schrecken. Sterben hatte keine Bedeutung in dieser gewaltigen Einsamkeit, der individuelle Sinngehalt des Todes wurde von den Urgewalten der Natur in nichts aufgelöst. Das Individuum in mir war verstummt. Es blieb lange Zeit kühl und still in mir, als ich wieder unten im Leben war.

Und ein anderes Erlebnis, diametral entgegengesetzt. Ich erlebte als junger Mensch einen schweren Eisenbahnzusammenstoß, bei dem ich nur wie durch ein Wunder am Leben blieb. Als der Zusammenprall geschah, wußte ich unentrinnbar gewiß: Ich muß sterben. In der Sekunde, als ich das Bewußtsein verlor, stürzte ich in eine Tiefe, raumlos, die sich vor mir auftat, ohne Anfang und Ende, bis in alle Ewigkeit. In meinem Erleben war es das Nichts. Diese Sekunde hatte eine ungeheuerliche Gewalt, ein Erschrecken, das bis in die Wurzeln meiner Existenz eindrang; das war, als ob die Posaune des Jüngsten Gerichts ertönte. Alles, was an Lebenskraft in mir war, in einer nie gekannten Zusammenballung des Willens, stand dagegen auf.

Diese Angst, eine kosmische Angst vor dem Nichts, die sich jahrelang in schweren Träumen wiederholte, ist jetzt eingeschmolzen in ein Nichts, in dem Leben und Tod beschlossen sind, Werden und Vergehen, ohne Anfang und Ende.

*

Der Wind wehet, von wo er will . . .
　Ohne Vorzeichen, ohne Wollen und Denken kam es über mich. Ich stand mit meiner japanischen Begleiterin im Daitokuji-Tempel in Kioto, in einem äußeren Gang, der den Blick in einen der stillen Innengärten des Tempels freigibt. Ein Gewitterregen stürzte mit elementarer Gewalt vom Himmel. Ich stand und sah versunken in die Wassermassen, die auf die grün bemoosten Dächer um den Garten herunterströmten, auf die Erde, auf Bäume und Sträucher, mit ihnen zusammenfließend in ein grünes Leuchten. Ich stand sprachlos, hineingenommen in diese Schönheit. Ich war wie ohne Gewicht und Körper, ich war dasselbe, Regen, Licht, Bäume, Sträucher, Erde, Himmel, ohne Bewußtsein meiner selbst. Ich stand unmittelbar vor dem Tor, das kein Tor ist – für die selige Freiheit dieser Sekunde gibt es keine Worte. Da rief die Pförtnerin, rief mich zurück in mich selbst.
　In diese Zeit der inneren Bewegtheit und Aufweitung fiel die erste große Übungszeit des nächsten Winters, vom 1. bis zum 8. November. Es war zum zweiten Mal, daß ich an ihr teilnahm.
　Diese Übungszeit unterschied sich von vornherein von allen vorausgegangenen durch ein realeres Müssen in mir, durch ein entschiedeneres und klareres Wollen. Sie

erfaßte mich mit einer wachen Spannung, die mich vom ersten bis zum letzten Tag nicht losließ.

Professor Tsujimura, durch dessen Hilfe ich nach Kioto gekommen war, sagte am ersten Abend nach Beginn der Übungszeit zu mir: »Sie *müssen* jedesmal zum Sanzen gehen, auch wenn Sie Ihre Aufgabe nicht gelöst haben.« In dieser Exerzitienwoche gehen die Mönche viermal am Tage zum Sanzen.

Am dritten Übungstag ging auch ich. Dieses Mal aus einem Zwang heraus. Tsujimura schloß sich mir an, er dolmetschte, während ich vor dem Meister saß. Wie die Male vorher sagte ich meine Aufgabe: »Wie werde ich eins mit dem Klang der Glocke?« Ich wußte keine Antwort zu geben.

Der Meister beantwortete mein Schweigen so:

»Dieses, wie werde ich eins mit dem Klang einer Glocke, mußt du allein ergründen, es kann niemand als du selber. Übe jetzt einen Ton in einer Ausatmung: O-O-H. Und versuche, eins zu werden mit diesem Ton.« Er machte mir das Tönen vor. Ich mußte es vor ihm versuchen, einige Male hintereinander. Darauf fügte er seiner Anweisung noch hinzu: »Übe, bis dir der Schweiß aus allen Poren bricht, gib dein Denken auf, sitze ohne Selbstbewußtsein, dann wirst du auch deine Schmerzen in den Beinen vergessen, dann wirst du alles vergessen und eins werden mit dem Ton.«

Damit ergriff er die Klingel und klingelte dem nächsten. Ich verbeugte mich und wollte aufstehen, aber ich bekam ein Zeichen, mich noch einmal zu verbeugen. Als ich es tat, schlug mich der Meister mit seinem Stock auf den Rücken. Dieser Schlag traf mich so unvermittelt und berührte mich so unmittelbar, daß ich nur mühsam ein

Weinen unterdrücken konnte. Ich wollte in Strömen weinen wie ein Kind.

Es bleibt ein Geheimnis, in welches Spannungsfeld man hineingestellt wird, wenn man vor dem Meister kniet. Welche Kräfte dabei in einen einströmen, wie unbestechlich und wesentlich die Entscheidungen sind, die von ihm gefällt werden. Und wie diese in ihrer übergeordneten Objektivität widerspruchslos angenommen werden, alle subjektiven Nebel zerreißend.

Am Abend dieses Tages ging ich gleich nach dem Üben schlafen, todmüde. Aber die neue Aufgabe, laut auf O-O-H auszuatmen, ließ mich nicht los. Die Anweisung des Meisters hatte mit einem Schwertschlag eine Wand in mir durchschlagen. Der Satz: »Gib dein Denken auf, sitze ohne Selbstbewußtsein« öffnete mir die Augen dafür, daß ich immer noch als »Ich« neben mir gestanden hatte, vorgreifend, bestimmend, kritisierend. Ich arbeitete hart, um mich aus dieser intellektuellen Verhaftetheit zu befreien. Es war eine Auseinandersetzung, in der sich etwas Wesentliches für mich entschied: Eine Verankerung im Ich ist gleichzeitig der Ausdruck einer Beziehungslosigkeit zur Wirklichkeit des Lebens. Von da aus auch die Überbewertung der persönlichen Erlebnisse, der eigenen Lebensgeschichte des Europäers. Wieder öffnete sich die Offenheit des Lebens vor mir – ohne Grenzen.

Ich übte im Liegen weiter. Kurz vor dem Einschlafen, es war sehr still im Hause und auch draußen, fiel in der Umgebung des Hauses ein Gegenstand mit Getöse zu Boden. Dieses Geräusch fiel in mich hinein, fiel in eine Offenheit, die nichts war als Offenheit, in deren Tiefe es leuchtete. Dahinter die unermeßliche Tiefe des Weltenraumes. Es gab nur dieses eine, den hallenden Ton in der unermeßlichen Tiefe der Welt. Ich empfand eine unsagbare Gewalt in der Einmaligkeit und Endgültigkeit dieser Tatsache. Und sekundenlang ein jähes Erwachen: Das ist die Wirklichkeit des Lebens – ein Erschrecken, das über alle Begriffe hinausging.

Wieder fühlte ich mich angerührt von einer Kraft, die die Grenzen meines Ich gesprengt hatte.

In dieser Übungszeit hatte ich mich über alle Hindernisse hinweg dazu entschlossen, an der Übung im Gehen teilzunehmen. Gehindert hatten mich bisher immer die zu kleinen Strohsandalen und meine schmerzenden Füße.

Es war eine neue Erfahrung. Auch im Gehen wurde die Stille tiefer, im Rhythmus des Gehens wurde das Ichbewußtsein eingeschmolzen. Als der führende Mönch plötzlich hart die Schlaghölzer durch die Luft sausen ließ – der Aufruf, zum Meister zu gehen –, blieb ich ohne Erschrecken. Ich eilte, ohne zu wissen, daß ich eilte; ohne Denken und Zögern stürzte ich hinter den davoneilenden Mönchen her, und wieder erlebte ich eine Sekunde des Freiseins, wie ich es nie zuvor gekannt hatte.

Der Studenten-Zen-Meister Morimoto-Roshi hatte mich durch Professor Ueda bei unserem Besuch in seinem Tempel eindringlich auf das Atmen verwiesen. Aus der Tiefe des Atmens würde die Antwort auf den *Koan* aufsteigen.

Eine Frage quälte mich immer von neuem: »Woher kommt der Atem?« Ein äußeres Geschehnis wurde mir zum Wegweiser. Während ich beim Sanzen in der Reihe der Wartenden kniete, drang aus dem Raum des Meisters ein Schrei in die Stille, ein Schrei, der mich in seiner Kraft und Gewalt erbeben ließ. Er war wie ein Donnerschlag, Naturgewalt. Dieser Schrei verfolgte mich.

Ich probierte, mit mir allein, so gesammelt zu sein, daß ich schreien konnte. Ich schrie, wieder und wieder. Da traf mich die Erkenntnis: Jenseits von Wollen und Denken, von Gefühl und Empfindung ist die Kraft des Ursprungs. Auch in dir ist Ursprung, eine Kraft, die ist, wie sie ist, ohne Anfang und Ende, unwandelbar, unpersönlich. Eins sein mit dieser Kraft des Ursprungs: Das ist Zen.

*

Wie kann ich den Klang einer Glocke mitten im Klang zum Stillstand bringen?

Im Ursprung in mir selber.

In diesem Ursprung sind Atem und Glockenklang eins, wie der Schall eins war mit der Tiefe des Weltenraumes. Habe ich mich je von diesem Ursprung in mir entfernt? Nein. (Obwohl ich alles daransetze, um dieses Tor, das kein Tor ist, einzurennen?) Wenn ich nie vom Ursprung in mir getrennt war, bin ich auch niemals vom Klang der Glocke getrennt gewesen. Der Intellekt obsiegte.

Am nächsten Tage ging ich wieder zum Sanzen mit Tsujimura neben mir. Ich sagte meine Aufgabe und mit Herzklopfen die Antwort: »Ich war niemals getrennt vom Klang der Glocke.« Plötzlich stand diese Antwort ohne Zusammenhang neben mir.

Der Meister darauf ganz schnell: »Und dann?«

Ich hatte keine Antwort. Wieder mußte ich O-O-H tönen lassen. Und er sagte mit einer Unpersönlichkeit, die mich auf mich selbst verwies und die mich sehr allein ließ: »Komm wieder, wenn du gewiß bist, den Ton der Glocke nicht mehr zu hören.«

Das Sanzen des letzten Übungstages ist der feierliche Abschluß der gesamten Übungszeit. Daran teilzunehmen ist für alle Übenden verbindlich. Ein Dankeszeremoniell wird von Mönchen und Laien vor dem führenden Mönch zelebriert. Ich hatte mich bisher nicht berufen gefühlt, an diesem besonderen Sanzen teilzunehmen. Aber dieses Mal kam Tsujimura zu mir und sagte: »Kommen Sie!« Ich schritt ohne Zögern hinter ihm her. Tsujimura und ich waren die einzigen Laien an diesem Tage.

Langsam, in Stille und Gesammeltheit schritten wir hinter den Mönchen her, den Wandelgang entlang zum Tempel des Meisters. Im Tempelraum saßen die Mönche in zwei langen Reihen nebeneinander. Ich kniete als letzter neben Tsujimura, das Gesicht dieses Mal zum inneren Rechteck hingewandt. Das Schweigen im Raum ergriff mich, so als hätten sich in diesem Schweigen alle Kräfte des Zen zusammengefunden, als wäre ich über alle Zeiten hinweg nichts anderes gewesen als ein Glied in der Kette der Zen-Übenden.

Im inneren Rechteck, das nur bei Zeremonien benutzt wird, stand eine brennende Laterne am Boden. Ihre Form fügte sich in die Maße des Raumes. Ihr Licht warf einen feierlichen Schein in den großen Tempelraum. Im Schatten der Laterne saß der führende Mönch, neben sich die Glocke, die er auf das Klingelzeichen des Meisters hin anschlug, für jeden Gerufenen einmal. Einer nach dem anderen erhob sich, wenn die Glocke ertönte, verbeugte sich im Knien und schritt durch den Eingang weiter zum Innenraum des Meisters. Bei seiner Rückkehr kam er noch einmal in den äußeren Gang zurück und verbeugte sich genau dem führenden Mönch gegenüber dreimal tief. In der inneren Harmonie dieser Dankeszeremonie kam eine Übereinstimmung im Wesen zum Ausdruck, die mich anrührte.

Ich war die letzte, die vor dem Meister erschien. Die Gewalt der Stille um ihn ließ mich zittern, als ich vor ihm kniete. Er hatte für mich eine Aura um sich, hell wie Sonnenstrahlen. Ich war geblendet. Und ich dachte: »Wenn ein Mensch auf diesem Gipfel angelangt ist, gehört er nicht mehr zum Menschengeschlecht.« Wir schwiegen. Etwas in mir zwang mich, mich erneut zu verbeugen.

»Hast du den Klang der Glocke nicht mehr gehört?« fragte der Meister.

»Eine Sekunde habe ich ihn nicht mehr gehört«, antwortete ich wahrheitsgemäß.

Wieder ließ er mich O-O-H tönen. Dann: »So wirst du niemals dahin gelangen.« Ich bekam neue Anweisungen für meine Übungen:

»Gerade sitzen, das Rückgrat kerzengerade. Die Knie leicht auseinanderbeugen. Tief einatmen, bis der ganze untere Bauchraum mit Luft angefüllt ist. Das Zwerchfell dabei nach hinten oben anziehen. Eine Sekunde warten, dann ausatmen auf O-O-H oder A-O, A-O, A-O, die Bauchdecke im Tönen langsam heranziehen, bis sie wie eine Haut über das Rückgrat zu liegen kommt und der Hohlraum des Kreuzes ausgefüllt ist. Im Tönen den Klang der Glocke hören, bis du ihn nicht mehr hörst.« Und dann fügte er noch hinzu: »Atme in den Kosmos hinaus.«

Die Freiheit des Geistes, mit der dieses Wort ausgesprochen wurde, die Einfachheit, mit der es als Realität vor mich hingestellt wurde, öffneten den ungeheuren Raum des Lebens vor mir.

Als wir in die Halle zurückkamen, wurde das Sutra-Gehen geübt. Ich setzte mich still an meinen Platz und ließ den Rhythmus des Gehens in mich hinein, er wurde schneller und schneller, schwoll an wie Meeresrauschen, wurde zeitlos.

Danach saßen alle in tiefem Schweigen. Das Licht vor dem Buddha-Eingang brannte, der Meister kam, uns zu segnen. Er schritt auch an mir vorüber. Dieses Mal hatte ich keinen Widerstand in mir gegen den Segen. Ich zweifelte nicht mehr daran, daß aus dieser Kraft heraus gesegnet werden kann.

Das Wort des Meisters, »Atme in den Kosmos hinaus«, hatte eine Eingeschlossenheit in mir durchbrochen. Mitten in einer praktischen Arbeit überfiel mich der Gedanke: Die Kraft, aus der heraus ich atme, ist unpersönlich wie die Luft, die ich einatme. Ich selber bin nur die Gestalt, durch die der Atem strömt und mich als menschliches Einzelwesen leben läßt.

Wieder ging ich früh schlafen, das Atmen im Liegen probierend. Ich schlief darüber fest ein. Nach Stunden wurde ich wach, in großen Wellen atmend, die durch mich hindurchliefen wie Meereswellen. Als mir das bewußt wurde, wurden zuerst meine Hände glühend heiß, dann die Fersen, dann die Mitte der Schädeldecke, als wäre darin ein Feuer angezündet. Ich fing an, aus allen Poren zu schwitzen, aus den Augenhöhlen heraus, aus den Ohrmuscheln, aus der Nase. Das dauerte eine Weile, dann schlief ich wieder ein.

Ich bebte innerlich, als die große Übungszeit vom 1. bis zum 8. Dezember begann. Dieses Beben verließ mich nicht mehr während der gesamten Übungszeit, es war in mir, wie der Koan in mir war. Ich ging damit schlafen und wachte damit auf, es blieb kein Zwischenraum.

Ich nahm am allgemeinen Sanzen des ersten Tages teil. Der Meister hörte meine Aufgabe. Wieder sagte er: »Sitze, bis du dich und alles vergessen hast.« Als ich aufstand, schlug er mich. Das saß – wie beim ersten Mal.

*

Ich übte jeden Morgen. Und oft hatte ich das große Erlebnis, im Atem zu sein, ohne Ichgefühl, ohne Wissen und Wollen. Der Atem ging durch mich hindurch wie ein Strom. »Es ist der Strom der Zeit, nur dieses ist Zeit«, dachte ich. Darin lag eine Unwiderruflichkeit, Endgültigkeit und Sicherheit, die außerhalb jeder Frage und Antwort stand.

Ich war sehr glücklich. Zum ersten Male erlebte ich dieses Gefühl in meinen eigenen Wänden, außerhalb der Halle. Es war so einfach wie etwas Selbstverständliches, das immer da ist.

An diesem Tage ging ich mit Ueda zum Sanzen. Ich sagte meine Aufgabe und gleich hinterher die Antwort: »Ich werde eins mit dem Glockenklang, wie der Regentropfen, der ins Meer fällt, eins wird mit dem Meer.« Während ich die Antwort sagte, wurde ich unsicher.

Der Meister darauf: »Das ist keine Antwort, das ist wieder nur eine Erklärung. Zeige mir im Tönen das Einswerden.«

Mein Ton war kraftlos, ich war tief entmutigt.

Der Meister sprach lange zu mir. Vor allem: »Sterbe ab, sitze wie zum Sterben.«

Während Professor Ueda das übersetzte, flammte in mir ein Widerstand auf, und ich sagte mit Heftigkeit: »Nicht zum Sterben, zum Leben.«

Ueda lachte, als er es dem Meister übersetzte. Der antwortete ungerührt: »Das ist nichts als Vernünftelei. Begreife, es ist dasselbe.«

Er fügte dann noch hinzu: »Es gibt im Zen ein Wort, das heißt: ›Sitzend sterben oder sitzendes Sterben.‹«

Er klingelte. Ich verbeugte mich und ging.

In der Pause fragte mich Ueda: »Sind Sie verzweifelt? – Der Meister wird Sie jetzt unerbittlich in die echte Verzweiflung treiben, er wird alles ablehnen, was Sie sagen, bis Sie wirklich angekommen sind.«

»Ich bin nicht verzweifelt«, erwiderte ich, »ich bin entschlossen. Was der Meister gesagt hat, stimmt, und weil ich weiß, daß es stimmt, bin ich mehr denn je entschlossen.«

Was hatte mich über alle Entmutigung hinweg so stark gepackt? – Das eine Wort »sterben«.

Vom Meister ausgesprochen, hatte es einen großen Ernst und eine ebenso große Selbstverständlichkeit. Es war eine Tatsache, in der keine Angst sich verbarg, eine Tatsache, so wie das Leben eine Tatsache ist. Ich begriff: Wenn ich dem Tode ausweichen will, weiche ich auch dem Leben aus. Ich versuchte, mich »wie zum Sterben hinzusetzen«.

Was heißt sterben? Lassen, lassen, lassen. Sich lösen von jedem Ichbewußtsein. Tiefer und tiefer hinunter, eins werden mit der Kraft des Lebens in sich selber. Nicht mehr denken ist nicht das letzte, es ist der Anfang. Es geht tiefer und tiefer, das Bewußtsein für Form schwindet, Dunkelheit, eine nie gekannte Dunkelheit. Und dann? Ins Unbekannte, nie Betretene.

Nach Stunden, die wie Minuten waren, fiel ich um, todmüde.

Ein Neues war durch das Sterbenwollen in mir aufgerufen: der große Ernst. War es mir bis hierhin nicht ernst gewesen mit dem Zen? Ja und nein. Immer noch waren es für mich zwei Welten: der Tempel und das Leben draußen. Und indem ich das begriff, hob sich diese Zweiteilung in mir auf. In sich selber sein ist Leben und Sterben zugleich. Ist nicht jeder Atemzug Leben und Sterben? Bin ich nicht mitten im Sterben, wie ich mitten im Leben bin?

5
Höre den Schlag der einen Hand

Professor Tsujimura hatte mir früher einmal eine Erläuterung gegeben zu dem Weg nach Damaskus, auf dem Saulus zu Paulus wurde. Er sagte, das bezeichnende an diesem Vorgang sind die offenen Augen. Er erklärte die offenen Augen so: Das Licht des Himmels berührt die Erde und alles, was auf der Erde ist, ohne selber von der Erde berührt zu werden. Anders gesagt: Der Himmel ist unberührt von allem irdischen Geschehen, durchdringt aber alles irdische Geschehen.

Beim Menschen sind einige Kräfte der Seele an die Augen gebunden. Deshalb kann es geschehen, daß in dem Augenblick, wo das Licht des Himmels in die Seele fällt, die Augen offen sind – und dennoch nicht sehen. Deshalb wohl auch die gewaltigen offenen Augen auf den Bildern des Bodhidharma.

Ich versuchte, mit offenen Augen zu sehen und nicht mehr zu sehen. Mein Bemühen war bislang dahin gegangen, den Blick aus den Augen herauszuziehen, nach innen. Jetzt ging ich mit dem Blick nach außen bis an die Peripherie der Augen, bis das Auge erfüllt war mit Sehen. Der Blick wendete sich an diesem Punkt von selber nach innen.

Bei diesem Üben vom Sehen und Nicht-mehr-Sehen stieß ich plötzlich auf einen Krampfzustand in meinem Kopf. Es war wie ein Krampf, der alle Angst des Lebens einschloß und sich mir wie ein zweites Ich entgegenstellte. Ich stand diesem zweiten Ich in Wirklichkeit und ziemlich ausgeliefert gegenüber. Mein Eigenwille, mein Dickkopf manifestierte sich da. Und was ich dagegenzusetzen hatte, war nur ein müder, dünner Faden an Kraft. Kraftlosigkeit, Schwäche, gleichzeitig Abhängigkeit von mir selbst – mehr hatte ich nicht zu bieten. War das der Kampf mit Luzifer?

Mit diesem Rest von Kraft stemmte ich mich gegen diese Teufelei. Ich zitterte, harrte aber aus. Es war wohl eine der außergewöhnlichsten Minuten meines Lebens.

Diese Minute führte mich an eine Grenze, und ich akzeptierte die Realität. Ich machte mir keine Illusionen, in Zukunft von solchen Anfechtungen verschont zu bleiben. Ich wußte, das würde sich wiederholen.

In dieser Woche ging ich wieder mit Ueda zum Sanzen. Der Meister sah mich an und sagte mit starker Stimme: »Werde eins mit dem Klang der Glocke!« Ich antwortete ohne Zögern: »*Hai*« (ja). Ich mußte wieder probieren. Noch war der Ton zu hoch, zu schwach, zu tonlos. Aber der Meister verneinte ihn nicht. Er sagte, so solle ich weitermachen. Ich hatte endlich die Richtung gefunden.

Das Üben war von einer Intensität, wie ich sie noch nicht kannte. Ich kam tiefer und tiefer in mir an. Ich vergaß meine Aufgabe. Mich selber. Du gehst jetzt eigene Wege, dachte ich. Und ich wußte mit Sicherheit: Hier mußte ich allein durch, ohne Anweisung, ohne Hilfe.

Ich fing an, die Glocke wirklich in mir zu hören, ohne Anstrengung des Willens. Aber in mir wuchs die Angst: Was ist, wenn ich nicht mehr ich bin? Ich atmete aus den Knochen heraus, was mich so anstrengte, daß ich aufhören mußte.

Am letzten Übungstag kam ich mit Ueda zum Meister.

Wie immer fragte er mich nach meiner Aufgabe. Ich sagte sie laut. »Hast du den Klang der Glocke nicht mehr gehört?« Ich sagte auf deutsch, freudig und frei: »Ja, ich habe sie nicht mehr gehört.« Und noch einmal japanisch: »*Hai*.«

Der Meister fragte: »Wie hörst du den Schlag der Hand?« Er schlug mit der Hand auf sein Knie. Ich wußte nichts zu sagen.

Er sagte darauf: »Wenn du wirklich eins mit dem Klang der Glocke warst, dann bist du immer eins. Also, wie hörst du jetzt den Schlag der Hand?« Wieder blieb ich stumm. Der Meister darauf: »Dieses ist deine neue Aufgabe: Wie höre ich den Schlag einer Hand?« Das Sanzen war zu Ende.

Ich hatte die Aufgabe nicht gelöst, und doch war etwas Entscheidendes geschehen. Der Weg dahin war in mir frei geworden, und große Freudigkeit und Heiterkeit füllte mich aus.

*

Der Ausklang der großen Übungszeit des Jahres ist einzigartig. Es ist ein Fest, das zu Ehren der Geburt Buddhas in der Nacht zum 8. Dezember von allen Mönchen und allen Laien der Übungsgemeinschaft im Tempel gefeiert wird. Ein Fest von einer Großartigkeit und Einmaligkeit, wie ich kein anderes kenne.

Großer Ernst lag in diesem Jahr über der Übungsgemeinschaft. Es waren viele junge Mönche aus anderen Tempeln gekommen, die meisten von ihnen hatten zum ersten Mal die schwerste Übungszeit bestanden. Der Kern der Feier ist Stille. Als um ½ 12 Uhr in der Nacht

Fenster und Türen geschlossen und die Kissen bis an den äußeren Rand der Tatami geschoben wurden (ich kenne den Grund dafür nicht), saßen wir zwei Stunden in einem Schweigen, das uns tiefer und tiefer, ausschließlich und machtvoll einschloß, das über Ich, über Zeit und Raum hinausführte in die Transzendenz. Eine Zeit, von der ich nicht weiß, ob sie kurz oder lang war, fühlte auch ich mich von diesem Strom hinausgetragen ins Raumlose. Die Seele hatte Flügel. Neben mir saß Kataoka-sensei, der dieses Fest mit uns feierte. Als ich aus meiner Versunkenheit auftauchte, erschrak ich eine Sekunde lang, der Platz neben mir war leer, so schwebend, körperlos und gewichtslos saß Kataoka da.

Um ½ 2 Uhr wurden Fenster und Türen weit geöffnet, der kalte Nachtwind wehte durch die Halle. Ein Mönch stieg auf eine Leiter und steckte vor der Buddha-Statue eine Kerze an. Dieses eine Licht, das mit warmem Schein durch die Vorhänge fiel, versammelte in sich alle Andacht und Freude dieses Festes. Danach stimmte der führende Mönch mit großer, freier Stimme ein Sutra an. Alle Mönche fielen ein, gleichzeitig schlugen die Holzklöppel auf die runden Instrumente, die wie Bälle aussehen. Freude! Freude! Freude!

Der Abschluß war ein dreimaliges tiefes, demütiges Sichverbeugen aller – die Übungszeit war beendet. Das Licht vor dem Buddha wurde gelöscht. Stille. Wieder sitzen. Durch die Nacht tönten die Stimmen zweier Mönche, die im Wechselgesang ein großes Sutra sprachen. Ein Mönch brachte süßen Sake (Reiswein), ein Labsal nach der äußersten Beanspruchung der letzten Stunden. Kataoka sagte fröhlich zu mir: »Das ist das Ende.« Aber der führende Mönch war ein strenger führender Mönch, er ließ uns weiter sitzen. Endlich wurde ein Zeichen zum Aufstehen gegeben. In stiller Gesammeltheit schritten wir einer nach dem anderen den Wandelgang entlang in den Tempel des Meisters.

Die große Zeremonie des Festes wurde feierlich im Tempelraum begangen. Sie ist der Höhepunkt. Wie alles im Zen war sie von großer Einfachheit im Zeremoniell, dafür aber von einer eindringlichen Kraft des Ausdrucks. Der Meister trug ein Festgewand in zwei Farben, die eine Hälfte war gelbbraun, die andere weinrot. Ein Mönch, der in seiner Stimme alle Fesseln abgestreift hatte, stimmte ein Sutra an, ein großes Konzert hätte nicht vollendeter sein können.

Nach der Zeremonie kehrten wir wieder in die Halle zurück. Kohlenbecken wurden hereingetragen, wir standen um sie herum und wärmten uns. Eine gedämpfte Heiterkeit breitete sich aus. Nach kurzer Zeit schritten wir erneut den Wandelgang entlang, dieses Mal zum Essen. Der Himmel war sternenklar, die Nacht fast warm.

Im langgestreckten Eßraum der Mönche waren in zwei Reihen in strenger Ordnung und soldatischer Einfachheit schmale, niedrige Tische aufgestellt. Langsam zogen wir in den Eßraum ein. Stehend wurde ein Sutra gesprochen. Wir knieten uns vor die Tische. Wieder wurde ein Sutra angestimmt. Der Meister fehlte in diesem Jahr.

Vor dem Platz standen drei rote Lackschalen, daneben lagen einfache Eßstäbchen. Zwei Mönche kamen jetzt mit gewaltigen Holzzubern und füllten die eine Schale mit trockenem Reis, vermischt mit Bohnen, auf die zweite Schale wurde frisches, geschabtes Gemüse gelegt, auf die dritte salziges, eingelegtes Gemüse.

Die Mönche bewegten sich mit unfaßlicher Schnelligkeit, jede ihrer Bewegungen war konzentriert, es gab kein Überlegen oder Verweilen. Schweigend, mit einer Hinwendung an das Essen, die jeden anderen Gedanken ausschloß, nur essend ging das Mahl vor sich. Die Mönche aßen in einer ebenso großen Schnelligkeit, wie sie sich bewegten. Ich beeilte mich, soweit es mir die Stäbchen erlaubten. Gegen Ende der Mahlzeit kamen die Mönche und reichten heißes Wasser oder dünnen Tee. Er wurde in die Schalen gegossen, die damit ausgespült wurden, kein Reiskorn durfte zurückbleiben, die Schalen wurden an den Mund gesetzt. Dann stellte ein jeder seine Schalen zusammen, sie wurden eingesammelt, schweigend stand man auf, das Sutra wurde gesprochen – das Festmahl war beendet. Das Festmahl war an Einfachheit nicht zu übertreffen, aber das Essen schmeckte außerordentlich gut.

In der Halle standen wir um die Kohlenbecken, jetzt breitete sich eine wortlose Leichtigkeit über uns aus.

Der zweite Höhepunkt dieser Nacht war die Teezeremonie beim Meister. Es war inzwischen 4 Uhr geworden.

Wieder versammelten wir uns im großen Tempelraum, wo wir vorher die Zeremonie begangen hatten. Der Tempelraum war in dieser Nacht in seiner Leere wie ein Sinnbild des Zen.

Wir knieten in strenger Ordnung um das innere Rechteck, die Mitte frei lassend. Die Mönche knieten an den Längsseiten, wir Laien an einer der schmalen Seiten, dem Meister gegenüber.

Der Meister saß in Stille eingehüllt am oberen Ende. Er begann zu sprechen, während wir uns tief verbeugten. Er sprach lange Zeit. Mir klang seine Stimme wie das Rauschen eines Wassers, manchmal murmelte die Stimme nur, vielleicht war auch er bis zum Letzten verausgabt in seiner Kraft.

Als er geendet hatte, kam der führende Mönch und überreichte dem Meister mit einer tiefen Verbeugung die erste Schale Tee. In dieser Verbeugung lag alle Ehrerbietung, die man einem Menschen erweisen kann, und die Ehrfurcht vor dem Erleuchteten.

Schweigend nahm er die Schale entgegen. Schweigend wurden die übrigen Schalen gefüllt und gereicht, schweigend wurden sie getrunken. In diesem schweigenden Beisammensein mitten in der Nacht erlebte ich Zen wie nie zuvor. Mir war zumute, als stünde ich auf einem Berggipfel, tief unter mir die Siedlungen der Menschen, um mich elementare Natur.

Während wir uns dankend verbeugten, verließ der Meister in lautloser Schnelligkeit den Raum.

Wir kehrten dieses Mal nicht in die Halle zurück. Ein kleiner Tempelraum im nebenan liegenden Gebäude war uns zum Feiern zur Verfügung gestellt worden, unser eigener Wohntempel war vor kurzem abgebrannt. Wir saßen und redeten, die jungen Mönche wurden mit kleinen Gaben erfreut, auch bei ihnen löste sich eine Schwere. Kataoka ging allein zum Meister. Als er zurückkehrte, kam es noch einmal zu einem lebhaften Gespräch. Tsujimura sagte darin: »Wir haben im Japanischen ein Wort, das heißt ›Werden‹. Das heißt aber auch weiter, dieses Werden vollenden, dann das Vollendete trennen, es abtrennen...«

Darüber kann man nachdenken. Ich beteiligte mich, indem ich einfach erklärte, mein Koan sei mir genau angepaßt, er sei so modern, als wäre er erst heute und nicht schon vor Jahrhunderten geprägt. Er sei mein eigener

Koan. Beweis: Die Auseinandersetzung in mir über diesen Koan habe eine Stärke, die ich nie für möglich gehalten hätte, in dieser Auseinandersetzung habe ich mein Gegen-Ich in mir realisiert. Kataoka sagte: »Wenn es einen Teufel in einem Menschen gibt, gibt es auch einen Gott im Menschen; beide müssen durchschritten werden.«

Als wir in der Morgenfrühe auseinandergingen, war es, als trennten wir uns nach einer Bergbesteigung. Sie hatte unsere letzte Kraft gefordert. Wir hatten sie bestanden. Nun kehrten wir zurück in das tägliche Leben, ein tägliches Leben, das weniger alltäglich war.

*

»Die Weise des Zen ist in ihr wirksam geworden« – diesen Ausspruch des Meisters hatte mir Kataoka in der Festnacht im Tempel weitergegeben. Ich spürte etwas davon beim Üben. Ich übte mit einer inneren Notwendigkeit, der Koan wurde Realität in mir, er verdichtete sich in einem Brennpunkt, zu dem Erleben und Denken hinstrebten, er wurde ein Mittelpunkt, um den alles in mir zu kreisen begann. Ein neues Denken, Fühlen, Wissen, ein neuer Maßstab für Dinge und Menschen erfüllte und führte mich. Je mehr ich von der Aufgabe und die Aufgabe von mir ergriffen wurde, um so reicher wurden der Tag, die Stunde, der Augenblick. Ich war mitten im Leben, in einer inneren Wachheit, die kein Vorher und kein Nachher verlangte.

Diese innere Quelle, einmal aufgebrochen, versiegte nicht mehr. Das innere Lebendigsein wurde zu einem Reichtum, der unerschöpflich schien. O Wunder des Lebens! Was hatte Tsujimura gesagt? »Der Teufel existiert nur da, wo die Seele sich verdunkelt hat. Es gibt im Zen einen Begriff: Trockenheit der Seele...«

Mir war zumute, als riesele Quellwasser aus aufgebrochenen Tiefen über den ausgedörrten Boden meiner Seele.

Es war eine Zeit, in der ich das Alleinsein suchte – ein Alleinsein ohne Einsamkeit. Es war von einer Fülle, die mich Zeit und Stunde vergessen ließ. Ein Gespräch mit Frau Miura, einer deutschen Theologin, ließ mich über Einsamkeit nachdenken. Sie sagte: »Die Kirchenväter kannten den Begriff ›Einsamkeit‹ nicht, in keiner ihrer schriftlichen Äußerungen taucht er auf. Sie gingen in die Wüste, um allein zu sein. Aber sie waren nicht einsam in der Wüste. Die Kraft und die Fülle ihres inneren Erlebens füllte die Weite der Wüste.«

Spürbar schloß sich jetzt auch der Zen-Kreis um mich. Ich fühlte Anteilnahme, Verständnis, Zuwendung von allen Seiten. Ich gehörte als eine der Ihren dazu – mein Kampf war ihr Kampf. Immer schon war mir die leise und dadurch starke Weise, in der der Erfahrene den Unerfahrenen im Zen auf seinem Weg begleitete, ihn aufrichtete ohne Worte, einfach durch die Kraft des Realisierens, Trost und Hilfe gewesen. Jetzt wurde ein unmittelbarer Beistand geleistet, durch Gespräche, Freundlichkeiten, Zuwendungen. Es kam zu Gesprächen, die erst jetzt geführt werden konnten, da meine Erfahrung eine Voraussetzung schuf, die vom Denken aus nicht gegeben war, das Denken als Denken versagt in diesem Bereich des Absoluten.

Einige der wichtigsten Zen-Gespräche führte ich mit Professor Nishitani. Er war der Lehrer von Ueda und Tsujimura (Religionswissenschaft und Philosophie) und gehört in der Zen-Gemeinschaft des Shokokuji zum engsten Freundeskreis des Meisters. Im Zen zählt er zu einem der bedeutendsten Repräsentanten, als Philosoph ist er einer der hervorragendsten des heutigen Japan.

Alle Fragen, die meinen Aufenthalt in Japan betrafen, jede Zen-Stufe meiner Entwicklung wurden ihm vorgetragen. In seiner leisen Zuwendung zum andern, in der eine Menschlichkeit von tiefer Kraft und innerer Klarheit aufleuchtete, zeigte er mir immer wieder seine Verbundenheit, sein teilnehmendes Interesse an meinem Zen-Weg. Wenn ich ihn mit Ueda oder Tsujimura besuchte, wurde Deutsch gesprochen. Obwohl sein Studium in Deutschland – auch er war Heidegger-Schüler – zwanzig Jahre zurücklag, formulierte er in deutscher Sprache mit einer Prägnanz, die man nur bewundern konnte.

Er sprach stets aus einer großen Einfachheit heraus, niemals war eine intellektuelle Überlegenheit spürbar. Oft trafen seine Einwürfe in die Unmittelbarkeit des Zen, blitzschnell und unerwartet wie Florettthiebe. Er war ein Meister des Gesprächs. In der Gelassenheit des Zen stand er ganz in den Dingen und ganz über den Dingen.

Als Lehrer steht Professor Nishitani in der Reihe der »großen Sensei« der Universität Kioto.

Die Beziehung zwischen *Sensei* (Lehrer) und Schüler ist ein Herzstück der japanischen Tradition. Es ist eine Beziehung, in der der Schüler dem Lehrer in seinem Fachgebiet absolute Autorität zubilligt. Weit hinaus über diese Anerkennung geht aber seine Verehrung und Liebe für den Menschen, für die menschliche Reife und Erfahrung des Älteren, die dem Sensei in allen persönlichen und beruflichen Fragen des Schülers eine fast immer für das ganze Leben bleibende Führung offenläßt. Gehören Lehrer und Schüler dem Zen an, so gibt es weder für den Fragenden noch für den Gefragten eine Zeitbeschränkung. Der Schüler kommt, wenn ihn eine Frage treibt, der Gefragte steht ihm zur Verfügung, gleichgültig, zu welcher Zeit.

So wurde eine Debatte über eine Verlängerung meines Aufenthaltes in Japan von Tsujimura abends um 11 Uhr kurzerhand damit beendet, daß er mich vor das Forum des Sensei brachte. Ohne ein Zeichen der Verwunderung oder Mißbilligung führte uns Professor Nishitani in sein Arbeitszimmer. Tee wurde gebracht, das Gespräch konnte beginnen.

Tsujimura ergriff das Wort. Gründlich wurden Für und Wider aufgedeckt und erwogen. Fragen wurden gestellt und beantwortet. Nishitani-sensei war der Auffassung, daß ich möglichst noch zwei Jahre an meinen Aufenthalt anschließen solle. Ich würde dann im Zen dort angekommen sein, wo ich für Europa standfest genug sei. Ich hätte eine für einen Europäer seltene intuitive Begabung für Zen.

Ich sagte verzweifelt: »Ich habe als Christ einen viel schwereren Zugang zum Zen, als ihn jemals ein Buddhist haben kann. Der Buddhist steht im Zen auf seinem, dem Osten eigentümlichen Geistesboden, der Christ kennt diesen Geistesboden nicht, er muß seine geistigen Voraussetzungen hinter sich lassen, wenn er dieses Neuland betritt, zu dem vom europäischen Denken aus keine Wege führen. Er muß in ein Unbekanntes vorstoßen, mehr noch, er muß alle Brücken hinter sich abbrechen.«

Nishitani lächelte. Er sagte: »Vielleicht ist es noch schwerer, den Buddhismus im Zen zu überwinden, als im

Zen durch das Christentum hindurchzugehen. Das Gewohnte bindet fester; Bindungen, die durch das Denken und die Erziehung von Jahrhunderten, wenn nicht Jahrtausenden, entstanden sind, lösen sich hart. Zen stellt als Zen an den Buddhisten wie an den Christen dieselben Forderungen.«

Mir fiel eine Predigt eines Zen-Meisters ein, der vor dreihundert Jahren in Kobe gewirkt hatte:

»Ich predige euch nicht mit Ausführungen und Belegen aus den Lehren des Buddhas oder aus den Wortsammlungen der alten Meister. Denn hier und jetzt, inmitten des Lebens, das wir leben, kommt das Problem hervor und muß bewältigt werden. Bei uns ist also von Zen und Buddhismus nicht die Rede.«

Noch einmal brach es an diesem Abend aus mir heraus: »Zen ist ein heißes Eisen, es ist zu heiß für einen Europäer.«

Nishitani und Tsujimura darauf: »Zen ist nicht nur ein heißes Eisen, es ist ein glühendes Eisen. Es muß nicht nur angefaßt, es muß heruntergeschluckt werden.«

Es gab keinen Kompromiß. Ich mußte das glühende Eisen herunterschlucken, die Klippe loslassen, an die ich mich als Individuum fest klammerte, um mich vor dem Absturz ins Nichts zu bewahren.

Die Forderung des Meisters: »Höre den Schlag der einen Hand«, war in mich eingeschlagen wie eine Zeitbombe. Ich stand mitten im Zen und wußte nicht mehr ein noch aus.

Ich wußte nichts darüber, wie man sich konzentriert im Zen. Ich wußte auch nichts über meine Konzentrationskraft, wie ich mit ihr umgehen mußte, wie ich sie mobilisieren konnte.

Daß ich aus der innersten Kraft hören mußte, wenn ich den Schlag wirklich hören wollte, sagte mir niemand. Daß ich so total hören mußte, was in mir vorging, daß ich der Schlag selbst sein würde, hatte ich nie vorher erfahren.

Ich sollte vorzeigen, daß ich tatsächlich jetzt und hier nur noch der Schlag war. Um das zu können, mußte ich das Äußerste an Konzentration leisten, indem ich das Äußerste an Hören gleichzeitig leistete. Ich mußte es schaffen, nur Konzentration zu sein – und nichts anderes daneben.

Als mich der Meister im nächsten Sanzen fragte: »Wie hast du den Schlag der einen Hand gehört?«, schlug ich mit aller Kraft meiner linken Hand auf den linken Oberschenkel – völlig absichtslos. Völlig ohne Absicht, es zu tun, völlig ohne Absicht, es so zu tun, wie ich es tat... Ich tat es, ohne das »Wie-ich-es-getan-hatte« in mir festzuhalten. Ich war frei in dem Augenblick, als ich vorzeigte, wie ich den Schlag hörte. Frei sein ist, neu geboren zu sein. Ich hatte meine erste Lektion, im gleichen Augenblick zu handeln und zu reagieren, bestanden.

Als der Meister sprach, kehrte das Bewußtsein meines Selbst in mich zurück. Ueda übersetzte ganz schnell: »Du hast die Aufgabe bestanden.« Ich war wie erlöst. Eine unbeschreibliche Freude sprang in mir hoch wie ein Springbrunnen. Es war ein großes Fest.

Erst Jahre später erkannte ich, daß in der Gleichzeitigkeit des Geschehens in Sein und Zeit die ungeheure Kraft des Lebens sich offenbart. Daß mein Leben in Sein und Zeit eingeschlossen ist, daß jeder Augenblick dieses Leben ist. Daß ich in jedem Augenblick, in dem ich mich nicht an mir selbst festhalte, mein ganzes Leben lebe. –

Der Meister gab mir sogleich die nächste Aufgabe. Auf den ersten Blick erschien sie wie eine Abwandlung der gerade gelösten. Die neue Aufgabe lautete: »Höre die lautlose Stimme der einen Hand!« Einer der klassischen Koan.

Wir standen in einer Übungszeit im Januar. In der Pause kam einer nach dem anderen zu mir, um mich zu beglückwünschen. Alle hatten erfahren, Groening-san habe ihren ersten Koan bestanden. Es war eine allgemeine Freude. Auch die Mönche zeigten mir ihre Freude. Ich hatte den ersten Meilenstein auf dem Wege des Zen erreicht. Der Weg vor mir war weit. Aber ich hatte eine neue Zuversicht in mir.

*

Schon seit Monaten waren unsere Übungszeiten in die frühen Morgenstunden des Sonntags verlegt worden. So konnten alle Mitglieder geschlossen an den Vorträgen teilnehmen, die zweimal im Monat gehalten wurden. Im Wechsel sprachen einmal der Meister des Shokokuji und Morimoto-Roshi, der Studenten-Zen-Meister, ein Zen-Meister besonderer Prägung.

Es war jedesmal ein regelrechter Auszug aus der Zen-Halle. Wir zogen Mäntel und Schuhe an, nahmen die Sitzkissen unter den Arm, gingen über die Straße weg durch das Eingangstor in den riesigen Hof, an dem der Haupttempel und die weiteren Nebentempel liegen. Die Vorträge fanden im großen Wohntempel des Priesters des Shokokuji statt, in einem großen, alten Tempelraum.

Die ältere Laiengruppe findet sich hier zusammen für die Übungen. Sitzen, Zazen, in der strengen Ordnung der

Halle, nur die Übungszeiten sind weniger lang und anstrengend als die der jüngeren Gruppe.

Wir traten in den großen Tempelraum, der ein langes Rechteck bildet. An der Innenwand stehen in langer Reihe die Altäre der Verstorbenen des Shokokuji. Vor jedem Altar brennt in einer flachen Schale Weihrauch.

Die Außenwand sind Schiebetüren, die auf eine breite Holzveranda nach außen führen. Die Veranda hat einen der schönsten Holzböden, die ich in dem an Hölzern reichen Japan gesehen habe. Die langen Bohlen glänzen wie altes Ebenholz und sind in einem Stück. Die Türen waren zurückgeschoben und gaben den Blick frei in einen verwunschenen Garten des Tempels. Von der hohen Tempelmauer eingeschlossen lag Rosenbeet neben Rosenbeet, in üppiger Fülle und Blüte, die edelsten Sorten. Am unteren Ende breitete ein gewaltiger alter Baum seine mächtigen Zweige aus, über die ganze Breite des Gartens hin. Sonne. Stille. Rosenduft. Wir nahmen unsere Kissen und schlossen uns an die Querreihen der übrigen an. Der Arzt Ebuchi-san kam und legte vor jeden Sitzenden die Textbücher, die dem heutigen Vortrag zugrunde lagen, und die Texte der Sutras, die gesprochen wurden. Er legte beides mit besonderem Vergnügen auch vor meinen Sitz.

Die Vorträge kommen in ihrem Charakter einem evangelischen Gottesdienst nahe. Als alle knieten, betrat der Priester des Tempels, ein verheirateter Zen-Mönch, von der Veranda aus den Raum und setzte sich neben eine große, in einem Holzgürtel aufgehängte Glocke; daneben eine Klingel. Die Zeremonie beginnt mit einem Sutra, das der Priester anstimmt und in das alle einfallen. Es wird halb gesprochen, halb gesungen. Von Zeit zu Zeit setzt der Priester die einzelnen Abschnitte durch Glockenschläge und Klingelzeichen feierlich ab. Während das Sutra gesprochen wird, betritt der Meister den Raum. Er geht in das innere Rechteck, das vor den Sitzreihen frei gelassen ist, und verbeugt sich einige Male tief, in einem bestimmten Ritual. Danach setzt er sich vor ein Pult an der Wand und beginnt seinen Vortrag, der eine Stunde dauert.

Ich saß wie alle anderen während der ganzen Zeit aufgerichtet. Ich ließ den Klang der Glocke, den Klang der Stimmen in mich hinein. Es ist etwas Besonderes, in einer fremden Sprache nur vom Klang her angesprochen zu werden. Allmählich ergriff mich die Schwingung der Worte, ein Verstehen, ohne den Wortlaut zu verstehen, führte mich in den Sinn. Der Vortrag war von einer auch mich packenden Dichte und Spannung. Die Ausdruckskraft des Meisters hielt mich im Bann. Es gab keinen Leerlauf, keine Rhetorik, keine dramatischen Höhepunkte. Der Meister sprach mit denkbarer Einfachheit, aber in einer Gesammeltheit, die sofort die Zuhörer ergriff. Die Lebendigkeit des Gesprochenen war so groß, daß ich den Eindruck hatte, der Vortrag wird nicht gesprochen, er wird gelebt, nicht nur vom Meister, sondern von allen Zuhörern.

Nach dem Vortrag wurde wieder ein Sutra angestimmt. Alle sprachen es laut mit. Das Lesen und Sprechen des Sutra ist nicht nur eine geistige Erhebung für diejenigen, die es selber lesen und sprechen, sondern ebenso für diejenigen, deren Wohlergehen darin erbeten wird. Der Frieden und die Erlösung der ganzen Welt – eingeschlossen Stein und Pflanze – werden in den Sutras herbeigefleht.

Dann saßen alle in einem großen Kreis am Boden. Der

Meister am Kopfende neben dem Priester des Tempels. Tee wurde gereicht, Gebäck machte die Runde. Eine allgemeine Unterhaltung begann. Ich wurde als neues Mitglied der Versammlung vorgestellt. Die meisten der älteren Mitglieder waren Professoren.

Eine Kalligraphie des Meisters, ein Stück eines Traumes, wurde zu allgemeiner Beurteilung an die Wand gehängt. Kalligraphie wird auch heute noch als Kunst gewertet, die vor allem dem Ausdrucksbereich des Zen zugeordnet ist.

Es waren kraftvolle Zeichen, die, in großer Spannung gegeneinander abgesetzt, sich in Harmonie auflösten. Die Betrachter waren voller Bewunderung.

Die ältere Gruppe hatte mich an einem der nächsten Sonntage zu einer Teezeremonie eingeladen, die sie gemeinsam mit dem Meister in einem der Wohntempel neben dem Meistertempel feierten.

Ich war sehr überrascht: Der Meister saß in der Mitte des Kreises, am Kopfende zelebrierte eine Dame die Teezeremonie. Sie wurde mir als Meisterin der Kalligraphie und der Teezeremonie vorgestellt. Der Ausdruck ihres Gesichtes nahm mich gefangen. Ein intelligentes Gesicht, still, pflanzenhaft sanft, ein Gesicht, in dem jeder Angriff nach außen fehlte. Schon einmal war ich diesem Ausdruck begegnet, in dem Gesicht einer Blumensteckerin und Meisterin auf dem Koyasan (Gebirgsgegend in Japan). Ich wurde noch einmal dem Kreis vorgestellt, Namen und Berufe wurden genannt. Außer den Professoren waren zwei Künstler anwesend, der eine Keramiker, der andere Maler. Ein gerade neu erschienenes Zen-Buch, von Zen-Meister Hisamatsu geschrieben, *Zen and the Fine Arts*, machte die Runde. Eines der Mitglieder war Sammler von handgezogenen japanischen Papieren, Proben wurden gezeigt, jeder erhielt einige Blätter als Geschenk.

Über der Gesellschaft lagen Heiterkeit und Fröhlichkeit, die wie ein leichter Sommerwind über uns hinwehten. Ich saß neben dem Meister. Wieder war es dasselbe. Anstatt von seiner Persönlichkeit überwältigt zu werden, fühlte ich mich neben ihm in einer Sicherheit in mir selber wie sonst nie. Es muß eine Gabe des Zen sein, aus eigener, gesammelter Kraft heraus den andern in sich hineinzustellen.

*

Morimoto-Roshi ist Meister eines Studenten-Tempels, der, zwischen Osaka und Kioto gelegen, vor etwa dreißig bis fünfunddreißig Jahren von Gönnern eigens für diesen Zen-Meister gebaut worden ist. Der Zweck ist ebenfalls ungewöhnlich: Der Tempel ist für Studenten errichtet, die neben ihrem Studium in das Zen eingeführt werden. Morimoto-Roshi hat ein abgeschlossenes Philosophie-Studium als Zen-Meister, er ist innerhalb des Zen eine außergewöhnliche, völlig unabhängige Erscheinung.

Am ersten Pfingsttag hörte ich zum ersten Mal einen Vortrag von ihm. Als er seitlich durch eine der offenen Schiebetüren eintrat, unmerklich und unbemerkt in seiner leisen Art, mußte ich an den heiligen Franziskus denken. So zeitlos dieses schmale, lange, vergeistigte Gesicht, so still die fast fragile Gestalt im einfachen Mönchskleid, so frei, freudig und tief demütig die Haltung, als er niederkniete. Niemals vorher hatte mich ein Mensch einfach dadurch, daß er kniete, aufstand, saß und ging, so bis ins Herz angerührt.

Morimoto-Roshi ist ein Zen-Meister, der in seinem Wesen so einfach und durchsichtig ist, daß er ohne Worte, nur durch sein Da-Sein den andern einbezieht. Er füllt den Raum, wie Luft den Raum füllt. Um ihn bleibt kein Zwischenraum offen.

Nach der kurzen Zeremonie schritt er elastisch auf das Pult zu und begann zu sprechen. Es war ein langer Vortrag, der mich auf eine unsagbare Weise in Atem hielt. Seine Konzentration durchdrang die Hörer.

Morimoto-Roshi wandte sich gegen die Auffassung des auch in Deutschland bekannten Zen-Meisters Hisamatsu, der Tod und Sünde als Probleme an sich aufstellte. »Tod und Sünde sind nicht Probleme an sich, die man aus dem Leben absondern kann. Jede Frage, jede Handlung, alles, was wir sind, schließt dieses Problem ein. In jeder Aufgabe des alltäglichen Lebens lösen wir dieses Problem.«

Am Abschluß des Semesters sprach er wieder. Derselbe starke Eindruck. Nach dem Vortrag setzten wir uns in einen großen Kreis, um Tee zu trinken. Der Meister setzte sich dazu.

Kataoka hielt eine Dankesrede, danach überreichte er das Honorar für die Vorträge. Der Meister legte, als Kataoka zu sprechen begann, seine Hände gelöst auf die Knie, dort lagen sie still, die ganze Zeit, Ausdruck einer Gesammeltheit, die wie ein Strom zu uns herüberfloß und ein Zuhören und Aufnehmen in Intensität bewirkte. Stille breitete sich aus.

Ueda und ich saßen auf den Holzbohlen der Veranda, durch den ganzen Raum getrennt. Wir waren alle in einer besonderen Weise glücklich. Die Anwesenheit des Meisters machte jeden glücklich.

Plötzlich fragte er nach mir. Ueda unterrichtete ihn über Zweck und Ziel meines Aufenthaltes. Ich wurde ihm vorgestellt. Er lud mich ein, ihn zu besuchen. Ueda sollte als Dolmetscher mitkommen. »Aber«, fügte er hinzu, »Worte sind nicht entscheidend, das Eigentliche zwischen Menschen geschieht, bevor sie sprechen...«

Ich habe Morimoto-Roshi besucht, und ich habe in der großen Übungszeit des Tempels einige Tage mit den Studenten geübt, ihr Leben geteilt. Ich kam nicht zu einem Zen-Meister, der als Philosophie-Professor eine Berühmtheit ist, zu der auch die ausländischen Professoren pilgerten, sondern kam in eine Offenheit des Wesens hinein, voller Lebensbejahung, Weisheit, Lebensfreude, die sich dem Haus mitteilte und alle glücklich sein ließ. Ich kam zu einem Zen-Meister, der siebzig Jahre alt geworden war in einem Leben der Zucht, des Dienstes, des Denkens, der Erfahrung, der Erleuchtung. Ich kam zu einem Menschen, der sich aus einer Gegenwärtigkeit heraus, die unmittelbar spürbar wurde, dem andern zuwandte, der jedes Gespräch in einem Brennpunkt zusammenzog und es zu einem brüderlichen Gespräch machte.

Als ich nach jenen Tagen wieder nach Kioto zurückkehrte, in mein tägliches Leben, nahm ich etwas Besonderes mit: Morimoto-Roshi hatte das Gegenüber in mir aufgehoben und in ein Neues eingeschmolzen, in Das-Selbe.

6
Es gibt nicht Westen und nicht Osten

Abschied und Heimkehr werden in Japan zu Festen, die Höhepunkte des Lebens sind. Sie werden zu Stunden der Gemeinsamkeit, die das Dasein umschließen wie das Muschelgehäuse die Muschel.

Wie viele kleine und große Feste ich auch in den zwei Jahren meines japanischen Lebens gefeiert hatte – improvisierte und wohl vorbereitete –, wie oft ich auch eingeladen war und selber eingeladen hatte: Die Natürlichkeit, Einfachheit, Fröhlichkeit, ja, Sorglosigkeit der Gastfreundschaft hatte mich stets neu bezaubert. Von der Fähigkeit des japanischen Menschen, sich der Stunde hinzugeben, im einfachen Da-Sein den Schwerpunkt zu finden, war ich immer wieder fasziniert.

Wo auf der Welt gibt es noch einmal diese Lebensfreude, die spontan aufspringend und mitreißend das Leben ohne Gewichte sein läßt, wo diese Lebensbejahung bar jedes intellektuellen Zwiespalts, wo diese Heiterkeit des Wesens, die wie ein Leuchten ist, das die Luft transparent sein läßt, auf eine unbegreifliche Weise, und Menschen fröhlich macht?

Wo auf der Welt ist man noch fähig, in einem heißen Bad am Abend jeden Ballast des Tages fallenzulassen, Müdigkeit, Abgenutztheit, Gewohnheiten des Berufes abzustreifen wie gebrauchte Kleider – und neu, erfrischt, mit offenen Sinnen in die festliche Stunde des Abends zu gehen?

Sind nicht Abschied und Wiedersehen ein und dasselbe?

Ich nahm Abschied von Japan, von Kioto, von meinem Zen-Kreis und dem Shokokuji in einer Festlichkeit, die strahlend war wie der Fujiyama an einem Tag ohne Wolken.

Professor Kataoka hatte sein neues Haus für meine Abschiedsfeier zur Verfügung gestellt. Die älteren Mitglieder des Kreises luden mich zu einem Abschiedsessen ein, zu dem auch der Meister sein Kommen zugesagt hatte.

Fröhlich fuhren Maniko Ueda (Frau Ueda) und ich schon am frühen Nachmittag des Festtages zu Kataokasensei hinaus. Frau Ueda wollte bei den Vorbereitungen helfen, Kataoka ist Junggeselle, eine Ausnahme in dem familiengebundenen Japan.

Das neu erbaute Haus liegt außerhalb der Stadt in einer kleinen Siedlung. Das Land öffnet sich nach allen Seiten dem Blick. Am Rande tauchen die Berge auf, die Kioto umschließen. Wie bei jedem Mal vorher ergriff mich der Rhythmus der Landschaft, der in der sanften Gliederung des Bodens, in der verschwimmenden Bläue der Ferne, dem leichten, grauen Dunstschimmer über dem Himmel den japanischen Charakter so stark herausholt, daß ich einen alten Holzschnitt vor mir zu sehen glaubte.

Im Hause empfing uns die Haushälterin, es gab eine zwar an Verbeugungen reiche, aber dennoch lustige Begrüßung. Wir zogen auf dem Steinboden im Eingang unsere Schuhe aus, stiegen die eine Stufe hinauf auf die Tatami (Strohmatten), mit denen der Vorflur ausgekleidet ist, und wurden in das Wohnzimmer zur Linken geführt. Kataokas Haus hat noch die Aufteilung der altjapanischen Häuser, nur Küche und Nebenräume sind modern eingefügt in den Plan.

Maniko flüsterte mir mit großem Vergnügen zu: »Kataoka-sensei rasiert sich noch.« Wenn dem so war, hatte er sich beeilt. Er kam und begrüßte uns mit großer Freude. Wir setzten uns auf Kissen vor den niedrigen Tisch in der Mitte und tranken Tee (es gibt kein japanisches Haus, in dem der Gast nicht sofort eine Erfrischung gereicht bekommt). Während wir plauderten, kamen Tsujimura und Ueda. Jetzt wurde von Maniko nach den Regeln der Teezeremonie grüner Tee zubereitet.

Die Kalligraphie in der Bildnische *(Tokonoma)* wurde eingehend gewürdigt und bewundert. Es war ein Zen-Spruch, von einem Zen-Meister in großen, freien Schriftzeichen hingeworfen. Ich betrachtete die Blumen in der schönen Keramikvase unter dem Bild. Sie waren in einer bestimmten Höhenstufung eingesteckt, Sinnbild von Himmel, Erde und Mensch und ihren Verhältnissen zueinander. Das helle Licht des Frühlings durchflutete das Zimmer und rückte alle Dinge in eine Nähe, die sie aus dem Nur-Ding-Sein heraushoben in die lebendige Funktion des Lebens.

Die Schiebetüren des Zimmers (dieses Mal aus Glas) waren zurückgeschoben: Der kleine Vorgarten, überdacht mit einer Strohmatte, aus deren Mitte ein Blumentopf in einem Bastkorb herunterhing, wurde so in das Zimmer einbezogen. Der Blick ging von da aus frei in den Garten, der mit Bambusstäben eingefriedet, noch jung im Wachstum, dennoch schon in seinen blühenden Blumenbeeten und Sträuchern die zukünftige Gestalt ahnen ließ.

Ich dachte, wie merkwürdig ist das. Das Haus ist neu, der Garten im Werden, und doch sind wir in einer Harmonie, die das Herz sanft macht, die in uns eindringt wie ein Hauch des Lebens und jede Schwere aufhebt ...

Die Fahrt am späten Nachmittag durch das Land – ein letztes, großzügiges Abschiedsgeschenk von Kataoka an mich: Er fuhr uns im Taxi zu der ältesten Ansiedlung Kiotos, einer Niederlassung von Koreanern, die sich noch vor der Gründung der Stadt hier beheimatet hatten – entbehrte jeden Gefühls des Abschiednehmens. Im Gegenteil: Das unfaßbare Hochgefühl des Lebens, das auch den Fremden in Japan immer wieder packt, glücklich sein läßt, ohne Grund, ohne Warum, das einen in eine Übereinstimmung mit sich selber und allem Leben bringt, in einen Zusammenklang mit dem Rhythmus der Landschaft, der Jahreszeit, überflutete mich. Ich war glücklich und dachte nicht an morgen, an Abschied und an Zukunft.

Wir standen auf einer Brücke und sahen hinunter in ein breites Flußbett, das sich weit und tief in die Landschaft eingegraben hatte. Das Land lag vor uns wie ein Garten Eden.

Die Luft um uns, vibrierend im Sonnenlicht, funkelnd und schimmernd in einer Skala von silbernen Tönen, die das junge Grün der Bäume, der Gärten, der fernen und nahen Bergkuppen in ihrer saftigen Fülle aufleuchten ließen, hatte einen Zauber, der die Ferne auflöste in Pastelltöne des Lichts, die die Konturen von Bergen und Häusern ineinander verschwimmen ließen wie Lichtbänder. Ich fühlte das Herz Japans schlagen.

Wir fuhren weiter zu einem uralten Schrein, einem der ältesten Bauwerke Kiotos, an einem See vorüber, der berühmt ist wegen seiner Schönheit bei Mondschein. Wir erinnerten uns an den Abend – es war im Anschluß an das Wiedersehensfest im Tempel für Tsujimura –, als wir bei Vollmond an seinen Ufern gestanden hatten. Ich sah vor mir den Glanz des Mondes auf dem Wasser, fühlte die Stille voller Geheimnis, die Zeitlosigkeit der Landschaft, die Zeitlosigkeit allen Lebens und fühlte wieder den Herzschlag Japans in meinem eigenen Herzschlag.

*

Als wir zurückkehrten, saßen der Meister und unser Musikprofessor auf den Bambusstühlen vor der Schiebetür im Zimmer und tranken Tee. Der Meister trug ein hellgraues seidenes Festkleid, das er später ablegte, um einfach in einem weißen Gewand, ohne Strümpfe, mit uns bei Tisch zu sitzen. Wir verbeugten uns an der Tür. Ich ging nach vorne und verbeugte mich noch einmal vor dem Meister. Trotz aller Freude fühlte ich mich befangen. So vertraut mir der Meister war, nicht nur als Zen-Meister, auch als Mensch – oft genug hatte ich ihm in der Halle gegenübergesessen, wenn er vor dem Sanzen kam und mit uns übte; seine Stille hatte mich aufhorchen lassen, ich hatte die Kraft seiner Stille zu der meinen gemacht, um tiefer in mich hineinzugehen –, hier im täglichen Leben, in der Fröhlichkeit eines Festes, fühlte ich mich von seiner Würde eingeschüchtert. Würde uns alle seine Anwesenheit nicht verstummen lassen in unseren unbekümmerten Reden?

Er sah an diesem Tage überraschend jung aus. Sichtlich freute er sich, unter uns zu sein, Gast unter Gästen. Er war fröhlich und unbekümmert wie wir alle.

Von Zeit zu Zeit kamen die übrigen Gäste hinzu, das Zimmer füllte sich. Nur Nishitani-sensei fehlte noch.

Eine Besorgnis wurde laut, er habe die Einladung vergessen. Ueda ging, nach ihm zu telefonieren. Der Professor ist nicht nur wegen seines durchdringenden Denkvermögens berühmt, er ist ebenfalls berühmt für die Souveränität, mit der er Zeitbindungen ignoriert, weil er sie vergißt.

Die Vorbereitungen für das *Sukiyaki*-Essen mußten getroffen werden. Zwei Tische wurden hereingeholt, Kissen um sie herumgelegt (es wurden zwei Kreise), zwei lange Gasschläuche in das Zimmer geleitet und auf jeden Tisch ein Brenner gestellt. Auf jede der Flammen kam eine tiefe Pfanne zu stehen, halb mit Wasser gefüllt. Große, grüne, dickfleischige Pflanzenblätter wurden hineingelegt, Blätter von Meerespflanzen, die in Hokkaido aus dem Meere gewonnen und die wegen ihres Mineralgehaltes sehr geschätzt werden. Sie geben dem Wasser eine bestimmte Würze, wenn sie ausgekocht sind, nimmt man sie heraus. Große Schüsseln mit *Tofu* (ein Sojabohnenextrakt, der schon in aller Frühe durch Klingeln an kleinen Wagen in den Gassen zum Frühstück angeboten wird) wurden hereingetragen. Vor jeden Platz wurde ein Schälchen mit Sauce gestellt und eine andere Schale mit rohem Fisch. Daneben lagen die Eßstäbchen. Ich saß neben dem Meister, auf meiner anderen Seite Ueda, der zwischen uns dolmetschte und mir in Stichworten die Unterhaltung am Tisch vermittelte. Eine höfliche Tischformel wurde rund herum im Kreise gemurmelt, die Zubereitung des Essens konnte beginnen.

Nach und nach wurde der Tofu in das siedende Wasser getan und langsam gar gekocht. Jeder holte sich mit seinen Stäbchen aus dem Topf Stücke heraus, tunkte sie in die Sauce vor sich und aß sie. Daneben wurde roher

Fisch, ebenso vorher in die Sauce getunkt, gegessen. Es war das Vorgericht. Die Sake-Gläser wurden mit warmem Sake gefüllt, das Festessen hatte begonnen. Der Meister hob sein erstes Glas zu mir hin und sagte: »Come back, Groening-san!« Mein Herz wurde weit bei diesen Worten.

Maniko Ueda übernahm die Stelle der Hausfrau. In ihrer stillen, unauffälligen Bereitschaft schenkte sie ein und sah nach dem Rechten.

Die Unterhaltung ging lebhaft weiter, oft von einem Tisch zum andern. Tsujimura hatte seinen großen Rednertag, er philosophierte, griff an, zum großen Vergnügen seiner Zuhörer. Der Meister lachte manchmal schallend auf.

Inzwischen war auch Professor Nishitani dazugekommen.

Mitten in einem Gespräch wandte sich der Meister an mich. Er erklärte mir, wie Sake getrunken wird. Das Glas wird von beiden Händen umschlossen, die Daumen liegen aneinander, so daß man mit sich selbst und dem Glas im Gleichgewicht ist. Das Glas kommt dabei dem Trinkenden entgegen, wie der Trinkende dem Glas entgegenkommt. »So ist es auch mit dem Koan«, knüpfte der Meister an diesen Vergleich an: »Der Übende geht dem Koan entgegen, wie der Koan dem Übenden entgegenkommt.«

Nach einer Weile ließ er sich ein Glas Sake bringen. Er rieb Tusche, tauchte den Pinsel in den Sake und fing an, seinen eigenen Fächer mit Tusche zu bemalen. Es wurde das Bild des großen Zen-Meisters Hakuin, der auch durch seine Bilder berühmt geworden ist. Darunter schrieb er:

»Es gibt nicht Westen und nicht Osten. Für Groening-san. Der alte Mönch: der große Elefant« (Zen-Name des Meisters).

Wieder nach einer Zeit nahm er eine einfache Papierrolle, riß ein langes Stück davon ab und schrieb mit Tusche darauf:

»Es ist ein Irrtum, der den Menschen einschließt in die drei Welten (die Welt des Körpers, der Sinne, des Geistes). Das Erwachen öffnet alle zehn Himmelsrichtungen ins Leere (in die Leere). Es gibt nicht Westen und nicht Osten; wo ist Norden, und wo ist Süden? Für Groening-san.« Darunter: »Der alte Mönch: der große Elefant.« Natürlich chinesisch geschrieben. Groening-san, chinesisch geschrieben, bedeutet: »Ein Mensch mit einem hohen Geist, der ihm angeboren ist.«

Eine andere Übersetzung lautete: »Der Irrende schließt sich in die drei Welten (die des Körpers, der Sinne, des Geistes) wie in eine Burg. Im Erwachen öffnen sich die zehn Himmelsgegenden in die Leere.«

Das Essen nahm seinen Fortgang. Dünne Fleischscheiben wurden in Wasser gelegt – das mit Sojabohnen, Sauce, Essig und Zucker einen besonderen Geschmack erhalten hatte – und gargekocht, mit Stäbchen herausgeholt, in die Sauce getunkt und gegessen. Ebenso Porreestücke und Kohl. Das ist sehr wohlschmeckend, und das Vergnügen des Essens dauert stundenlang.

Einmal sagte der Meister, als er wieder sein Glas Sake füllen ließ: »Ich trinke heute soviel Sake, weil ich mich freue, daß Groening-san dabei ist.« Wenn es ihm zu heiß wurde, nahm er ein großes dünnes Tuch und wischte sich den Schädel und das Gesicht ab. Oder er nahm den Fächer und fächelte sich damit Kühlung zu – die alte Weise des Ostens, der Hitze zu begegnen.

Meine Befürchtungen waren wie Schnee in der Sonne zerronnen. Die Natürlichkeit und Einfachheit des Meisters, die Freiheit seines Denkens, die Freiheit seiner Bewegungen, seines Da-Seins machten uns alle frei. Er saß neben mir wie ein Bruder, der sich sehr sachverständig und geschickt um die Zubereitung des Essens bemühte. Es war ein großer Abend, ein Fest.

Um Punkt 10 Uhr erhob sich der Meister. Er zog sein graues Seidenkleid wieder an, darüber sein schwarzes Mönchskleid. Am Boden sitzend, zog er seine weißen Socken an die Füße (sie haben einen Einschnitt für den großen Zeh). Endlich setzte er seine Mütze auf. Die Mütze machte ihn in erstaunlicher Weise zum Zen-Meister. Sie gab seinem Gesicht den Ausdruck, den ich auf vielen Bildern von Zen-Meistern gesehen hatte, er gehörte plötzlich in ihre Reihe, als einer von hohen Graden.

Aber noch einmal nahm er die Mütze ab, um noch zu verweilen. Er erklärte mir das Zeichen des Zen. Es wird genau über dem Herzen getragen und ist ein Sinnbild des schlagenden menschlichen Herzens. Als er endgültig ging, geschah es so schnell und leise, daß ich es nicht bemerkte und keinen Dank sagen konnte.

Der Mond war rund, er stand genau über der zurückgeschobenen Wand des Zimmers am Himmel. Der Kreis hatte sich aufgelockert, die einen streckten sich lang auf den Boden, die anderen saßen weiter kniend. Die Kalligraphien des Meisters machten die Runde. Nishitani-sensei gab mir ihre Übersetzung. Wieder berührte mich die Zeitlosigkeit des Bildes vor mir. Alle waren in Kimonos, die die eigentümlichen und charakteristischen Linien der Gesichter, ihre teils lächelnden, teils ernsten Züge hervorholten, wie es kein moderner Anzug tut. Es waren Japaner, die vor mir saßen. Es war nicht der Schnitt der Gesichter, der sie von Europäern unterschied, es war der Ausdruck dieser Gesichter. Dieser Ausdruck war zeitlos. Er hatte nicht die festgelegte Zeichnung und Prägung des Westens, die subjektiven Merkmale einer Lebenssituation, eines Berufes, einer Würde, sie waren gelassen, lächelnd und still wie ein Wasserspiegel.

Um 11 Uhr wurde das allgemeine Zeichen zum Aufbruch gegeben. Kataoka-sensei begleitete uns zu dem kleinen Bahnhof. Wir verabschiedeten uns mit herzlichem Dank von ihm. *Sayonara, Sayonara!* Mir wurde die Kehle eng. Es gab noch ein Wiedersehen mit ihm und dem Meister am Bahnhof.

Der Meister schenkte mir noch eine Kalligraphie, die er für mich geschrieben hatte. Es war mein Koan: »Höre die lautlose Stimme der einen Hand.« In dem Holzkasten, der dazugehört, zeichnete er mit Tusche die Geschichte meines Zen-Weges auf. Ich freute mich sehr darüber. Tsujimura ließ die Kalligraphien am nächsten Tag aufziehen, so kann ich sie jederzeit an die Wand hängen.

Tsujimura und der Musikprofessor hatten sich erboten, ein letztes Mal mit mir zusammen in der Halle zu sitzen. Ueda konnte nicht teilnehmen, er fuhr an diesem Tage nach außerhalb für seine Vorlesungen. Noch einmal nahm mich die Halle in ihrer Stille auf, noch einmal überkam mich ein Gefühl von Zu-Hause-Sein. Der brausende Chor der Erlebnisse dieser Jahre, ihr Reichtum und Tiefgang, ihre Beglückung, rauschte auf und wurde übertönt von der Stille. Sie war das große Instrument, das in Japan in dieser Halle aufgeklungen war, in das alle Chöre des Lebens einmündeten.

Als ich in Begleitung von Ueda und Kataoka-sensei auf

den Bahnsteig kam, standen der Meister, der Musikprofessor und Professor Nishitani schon da. Der Meister gab mir zum ersten Mal die Hand, was mich sehr berührte. Sie waren alle gekommen, die mir in diesen Jahren nahegestanden hatten. Auch die Kinder waren da. Ich stand und verbeugte mich und bedankte mich, wieder und wieder. Was für ein großes Herz Japan hat.

7
Heimreise und Wiederkehr

Der Zug nach Kobe setzte sich in Bewegung. Hände, die winkten und winkten, die letzten Grüße der Zurückgebliebenen, bis wir die Halle verlassen hatten. Professor Tsujimura, als mein Mentor im Zen, Ueda und einige mir verbundene Mitglieder der Zen-Gemeinschaft gaben mir das Geleit bis ans Schiff. Ich hatte auf einem holländischen Frachter die Heimreise nach Antwerpen gebucht.

Wieder packten mich die enormen Energien des Landes, als wir zur Küste fuhren. Ich sah zum Fenster hinaus auf die schmalen Streifen Erde, die bis dicht an die Eisenbahnschienen heran bepflanzt waren. Jeder Krümel Erde ist dem Japaner heilig. Ich sah in die sorgsam abgesteckten Reisfelder, in Bäume und Sträucher, in Weiden, auf denen Kühe weideten, die in der Ferne verschwammen, die an uns vorüberflogen. Aber diese Melodie des Landes wurde übertönt von dem heißen Pulsschlag der Industrie, der Technik. Eine Industrieanlage nach der anderen tauchte auf, Fabriken, Häuser, wie aus dem Boden hochgeschossen, zahllose Telefonmasten, die kreuz und quer über das Land hingestreut waren; darüber der weite Himmel des nahen Meeres, ein Hauch von Unwirklichkeit, Skurrilem, lag über dieser Landschaft, als hätte die Zukunft über Nacht begonnen und das Land hätte sie noch nicht wahrgenommen. Wir spürten den heißen Atem der Zeit. In Kobe, am Meer angekommen, wußte ich plötzlich: Der Kreis hatte sich geschlossen.

Ich kniete noch einmal im ersten Sanzen vor dem Meister, hörte seine ruhige Stimme, hörte die hellere Stimme Uedas, der übersetzte: Groening-san, der Meister fragt dich – aber du mußt nicht darauf antworten: Warum bist du über die Weltenmeere nach Japan gekommen, um Zen zu üben? Und ebenso deutlich hörte ich in diesem Augenblick meine eigene Stimme: Und warum fährst du heute über die Weltmeere zurück? Ist es notwendig, oder ist es nur eine Notwendigkeit, die praktische Dinge angeht? Gehen die praktischen Fragen vor? Oder fliehst du vor dem Unbekannten, fliehst aus der Angst vor der letzten eigenen Verantwortung, die du auf dich nehmen mußt?

Damals war die Frage des Meisters wie ein Stein in mein aufgewühltes Bewußtsein gefallen, hatte mich zum ersten Mal die Härte des Zen spüren lassen. Nicht der Meister stellte die Frage, ich mußte sie mir selber stellen. Es war keine Frage, in der ich der Frage gegenüberstand, ich konnte sie nicht drehen und wenden, wie es mir gerade zumute war; diese Frage war ich selber. Ich mußte sie aus dem, was ich bin, beantworten, aus meinem Sein. In ihr gab es keine Ausflucht vor mir selber, in mir selber. Hier ging es nicht um das, was ich verloren hatte, woran ich litt und verzweifelte, mich selber bemitleidete. Die Frage beraubte mich jeder Illusion, jeder Sentimentalität. Der Lernprozeß des Erkennens hatte begonnen, ich mußte mich zu mir selber bekennen, mußte mich begreifen in dem, was ich bin. Dies war der erste Schritt in das Bewußtsein meines Selbst, das mich von nun an nie mehr freigeben sollte, durch das ich hindurchgehen mußte, um frei zu sein.

Der Meister hatte die Frage in eine Dimension hineingestellt, die mir noch verschlossen war. Das Wort »Weltenmeere« hatte mich aufgerüttelt und mich aus dem engen und engsten Bereich meines Ich herausgeschleudert in die Grenzenlosigkeit der Horizonte der Weltenmeere. Die alten Zen-Meister hatten Meere überfahren, um an neue Quellen heranzukommen. Über die Weltenmeere fuhr man in alten Zeiten, wenn das Bewußtsein zum Aufbruch drängte, in die Erweiterung des bewußten Da-Seins, zu neuen Ufern des Geistes. Wie viele Stufen nach diesem Aufbruch auch noch zu ersteigen sein würden, Stufen, die hinauf- und hinabführen – mein Zen-Meister gab mir in seiner Frage die Gewißheit, daß ich, indem ich über die Weltenmeere nach Japan gekommen war, die erste Stufe erklommen hatte. Indem ich seine Frage beantwortete, zog ich meine Schuhe aus und betrat den Boden des Zen mit bloßen Füßen.

Die zweite Frage: Warum fährst du zurück, wieder über die Weltenmeere zurück? lag wie ein Stein des Anstoßes in mir, war in mir liegengeblieben, ohne beantwortet zu sein. Sie war der Koan, die Zen-Aufgabe, die ich in mir zu lösen hatte.

*

Mein Schiff sollte um 10 Uhr abends ausfahren. Bis dahin war noch viel Zeit. Wir brachten das Gepäck in die Kabine, ich stellte mich vor, danach setzten wir uns an den Kai und ließen es langsam Abend werden.

Das Tageslicht versank im Meer, die Nacht stieg herauf. Im Hafen flammten die Lichter auf, eins nach dem anderen, wie Glühwürmchen, bis das ganze Hafenbecken vor uns aufleuchtete. Wir saßen und sprachen, erinnerten uns an die Jahre gemeinsamen Weges im Zen. Hier war eine Gemeinsamkeit in der geistigen Wegrichtung, die uns ohne Worte miteinander verband. In einem inneren Gleichklang, in einer Beziehung, die diesen Gleichklang in dieser Stunde zu einem inneren Ereignis machte für mich. Es wurde spät. Immer noch saßen wir wie Vögel, die sich auf einem Schiffsbug niedergelassen haben, um auszuruhen, bevor sie die weite Reise über das Meer antreten. Eine Reise ohne Karte, in einer Fluglinie, die präzis tief im Innern vorgezeichnet ist.

Wir gingen an Deck. Die meisten Passagiere waren schlafen gegangen. Wir setzten uns still nebeneinander und sahen in den Himmel, er wölbte sich über uns wie ein Zeltdach. Wir zogen mit den Sternen weiter in ihrer Bahn, langsam lösten wir uns von dem Tag und seinen Gedanken. Tsujimura begann leise zu singen, ein Volkslied. Seine ruhige, tiefe Stimme zog die andern mit, sie stimmten leise mit ein, wurden lauter. Die Stimmen kamen tief aus dem Bauch, wie nach einer Übungszeit in der Zen-Halle, aus Tiefen, in denen die Freuden des Lebens eins geworden waren mit dem Vergehen des Lebens. Beides schwang mit in einer schwermütigen Weise, die uns unter die Haut ging. Das Herz Japans – noch einmal sang es seine Melodie, die in mir nachklang, der ich mich hingab, in der ich versank.

Der letzte Zug nach Kioto drängte uns zum Abschiednehmen. Wir verbeugten uns tief voreinander. Damit war alles gesagt. Mir war zumute, als hätte ich mich selber von einem Stamm abgetrennt, aus dessen Mark ich mich ernährt hatte.

Als ich am nächsten Morgen aufwachte, waren wir auf hoher See. Über uns spannte sich der weite Himmel des

Meeres – in einer Lichtfülle, die alle Traurigkeit in sich aufsog. Im Speisesaal wurde ich herzlich begrüßt. Der abendliche Gesang hatte mir Sympathien geschaffen. Wie kommt ein Europäer zu solch einem Abschiedskonzert? Fragen über Fragen. Diese Lieder hatten zu meinen Mitreisenden gesprochen. Japan war ihnen nahegekommen.

Wie der Fliegende Holländer fuhren wir von Hongkong aus über die Meere. Die Eile verschluckte die Häfen – wir legten an, bunkerten, fuhren wieder aus. Händler kamen an Bord, es gab nur selten ausgelegte Waren, die wir in Ruhe betrachten konnten – Handeln, Kaufen.

Tagelang sahen wir nur Wasser und Himmel um uns. Die Horizonte flossen ineinander, ihre Weite sog uns in sich auf, wir verloren die Abgrenzungen. Der Rhythmus von Wasser und Himmel wurde unser eigener Rhythmus. Wo war Norden, wo war Süden? Wo Westen, wo Osten?

Klänge und Farben flossen wie Himmelsrichtungen ineinander. Wir gehörten dazu, wie Wasser und Himmel zusammengehören. Nachts rauschte das Meer unter dem Kiel, der südliche Sternenhimmel blendete uns mit seinem Licht, dehnte sich aus in Unendlichkeit, in absolutem Schweigen.

Unwirklich war das. Wir fühlten uns frei wie die Möwen der Meere. Verrückte Empfindungen empfand ich als normal: Eine Art Abgelöstsein von allem, ich stellte mir vor, durch weite Räume zu fliegen, abenteuerlich. Es ging nicht nur mir so. Je weiter wir die Wellen durchpflügten, um so mehr Abstand zur Erde gewannen wir. Wir fühlten uns schwerelos und verloren unsere Orientierung in uns selber. Eingeschlossen von Wasser und Himmel, waren wir den Lichtbündeln ausgeliefert, die der Himmel Tag für Tag über uns ausschüttete. Niemals vorher hatte ich mich so in mich selbst hineingeworfen gefühlt, auf mich gestellt, wie in dieser Zeit, die immer zeitloser wurde. Waren es Tage, Wochen, die wir übers Meer eilten und eilten? In Antwerpen verließ ich das Schiff. Freunde nahmen mich am Kai in Empfang. Ich war zurückgekehrt.

*

Sieben Jahre dauerte es, bis ich endgültig wußte, daß ich den Koan nicht allein lösen konnte. Sieben Jahre lief ich im Kreis um mich selber herum, lief mir die Füße wund, bis ich den Weg ins Shokokuji zurückging.

Im Frühjahr 1966 kehrte ich nach Japan zurück. Dieses Mal kam ich nicht »über die Weltenmeere gefahren«, ich flog von San Francisco nach Tokio. In Tokio stieg ich um in eine japanische Maschine nach Osaka. Der Tag war grau, der Nachmittag fast dunkel. Es regnete, als ich ausstieg. Maniko Ueda holte mich ab. Und ich fühlte wieder alle Wärme und Helligkeit der vergangenen Jahre. Ich wurde aufgenommen, als wäre ich nie fortgewesen. Mein Herz wurde weit vor Rührung und Freude.

Im Innern war ich unsicher. Mir war zumute, als käme ich wie der verlorene Sohn zurück, ein Weltkind, das die Sprache des Zen im täglichen Leben vergessen hatte zu sprechen. Würde ich eine Brücke schlagen können nach diesen langen Jahren? Würde mich der Meister, so wie ich bin, wieder aufnehmen?

Die Frage des führenden Mönches nach meiner Exerzitienzeit dröhnte mir in den Ohren: Was habt Ihr begriffen, was habt Ihr verstanden? – Nichts konnte ich vorzeigen, nichts als Umwege, lange Irrwege des Ich.

Wir fuhren nach Uji in das kleine, ach so typisch japanische Haus von Uedas. Und nun war es wirklich so, als wäre ich nie weggegangen. Ich fühlte mich geborgen.

Der Meister hatte sich in seiner unbeirrbaren Freundlichkeit bereit erklärt, weiterhin mein Zen-Meister zu sein.

Am nächsten Tag gingen wir – Professor Ueda und ich – gemeinsam zum Tempel des Meisters. Der Meister hatte, nach Niederlegung seines Amtes als Zen-Meister des Shokokuji, den Ruhesitz des Bischofs bezogen. Er lebte in einem großen alten Tempel, der neben dem Haupttempel in einer Seitengasse liegt. Die Zen-Halle in ihrem abgeschlossenen Bereich befindet sich auf der anderen Seite des Haupttempels.

Mir war alles vertraut. Viele Male hatte ich hier in den vergangenen Jahren Vorträge des Meisters und des Studenten-Meisters Morimoto-Roshi gehört, hatte ich hier mit älteren Mitgliedern Tee getrunken und fröhliche Gespräche geführt.

Ueda führte mich durch die kleine Pforte in den hinteren Garten – früher der Eingang zur Küche, jetzt der tägliche Gebrauchseingang. Der hintere Garten, ein langes Beet an der Einfassungsmauer entlang, das in einen schönen alten Rosengarten einmündete, machte auf mich wieder den Eindruck einer Kinderstube. Hier wuchsen Pflanzen auf, wurden gehegt und gepflegt, nichts war aufeinander abgestimmt, es waren Versuche und Liebhabereien, die die Hausdame des Meisters liebevoll versorgte.

Alles war wie immer. Wir schoben die Eingangstür zurück und standen in der großen Diele, die in früheren Zeiten Küche gewesen war. Ueda murmelte seine Begrüßung. Die Küche war abgeteilt im hinteren Raum, eine kleine moderne Küche. An der Wand hing der Zen-Hut des führenden Mönches, der hier dem Meister zur Seite steht. Der Hut wird nur auf den großen Bittgängen der Mönche getragen. Der Hut war mir immer wie ein Dach vorgekommen, unter dem es Schutz und Schirm gab, geborgen und verborgen vor den Augen der Welt. Ich freute mich über alles.

Wir zogen unsere Schuhe aus, stiegen die beiden Stufen nach oben und gingen ruhig und langsam den Wandelgang entlang. Rechts der Innengarten, links die Türen zu den Räumen des Meisters. Ueda schob die Schiebetür zum Empfangsraum des Meisters zurück.

Die Harmonie dieser schönen alten Tempelräume nimmt jeden Eintretenden auf in ihre Stille. Jeder wird hineingenommen, als gäbe es nichts anderes für ihn, als aufgenommen zu sein. Ich war heimgekommen.

Der Tisch stand vor der Bildnische. Wir setzten uns an die Längsseite gegenüber dem Sitz des Meisters. Als der Meister die Tür zurückschob, verbeugten wir uns tief. Ich habe mich auch innerlich so tief verbeugt. Alles war nahe, vertraut, mir war unsagbar wohl.

Alles war Freude! Diese Freude des Wiedersehens ergriff mich. Sieben Jahre Abwesenheit hatten die Begegnung von Meister und Schüler überhaupt nicht berührt. Wie ehemals überkam mich ein Gefühl von Leichtigkeit, als wäre der Fluß des Lebens Leichtigkeit und alles Schwere nur ein Traum. Offenheit umfloß uns, floß durch uns durch. Ich hatte keine Angst mehr.

Wir tranken grünen Tee. Der Meister fragte, wir antworteten. Da traf mich urplötzlich der helle Blick des Meisters, oder war es der dunkle Blick? Der Blick des Zen-Meisters.

Ich sah in Augen, deren geballte Konzentration mich unmittelbar traf. Ich wurde in die Wirklichkeit gerissen wie in ein Kraftfeld. Das blendete und erschreckte mich. Das war die Tiefe, die sich nicht mehr in mir geöffnet hatte, seitdem ich fortgegangen war. Ich konnte nicht ausweichen, ich war dem Blick preisgegeben. Und ich gab mich ohne Bedenken preis.

Dann war es auch schon vorüber.

War ich je von hier fortgegangen?

*

Bereits am nächsten Tag, es war der 2. Juni, ging ich mit Professor Ueda zum Sanzen. Ich wartete, wie verabredet, in der kleinen Gasse am Eingang zum Tempel auf Ueda. Als er kam, sagte er aufatmend das gleiche, was ich vorher gedacht hatte: »Hier sammle ich mich vorher in der Stille dieser stillen Welt, lasse alles fallen...« Wir traten ein, zogen unsere Schuhe aus, gingen still den Gang zum Empfangsraum des Meisters. Diesmal setzten wir uns nicht an den Tisch. Wir setzten uns hintereinander an die äußeren Schiebetüren, das Gesicht zur Bildnische gekehrt. Ich bat Ueda, mir noch einmal die vorgeschriebenen Verbeugungen im Sanzen zu zeigen, und wir übten sie gemeinsam. Dann warteten wir. Ueda hockte hinter mir. Professor Tsujimura war noch nicht gekommen. Das Sitzen auf den Knien wurde mühevoll und tat weh. Aber die Atmosphäre und die Ruhe des Raumes halfen mir, meine schmerzenden Beine zu vergessen. Aus weiter Ferne nahm ich wahr, daß Tsujimura gekommen war. Ueda flüsterte: »Groening-san, kommen Sie.« Zeit existierte nicht mehr für mich.

Als ich vor dem Meister kniete, sah ich seine aufgerichtete Gestalt mit geschlossenen Augen vor mir. Und wieder erschrak ich vor der Mächtigkeit, die seine innere Stille ausströmte. Ich wagte nicht, ihn anzusehen. Er sprach lange. Er fragte mich, warum ich wieder aus weiter Ferne hierhergekommen sei und was ich dieses Mal wolle.

Ueda übersetzte. Ich schwieg. Ueda sagte nach einer Weile: »Groening-san, das ist eine Frage.« Ich darauf, sehr leise: »Ich bin gekommen, um zu mir selber zu finden.« Wieder sprach der Meister. Dann traf mich unerwartet die Frage: »Siehst du Zen als Ziel an? Hast du ein Ziel?« Die Art, wie gefragt wird, ist reines Zen. Die Frage ist angefüllt mit der Konzentration des Wesentlichen und wird gefragt mit der ganzen Konzentration des Fragenden. Der Zen-Meister rückt die Frage in eine Realität, die Zögern, Abwägen, Beurteilen unmöglich macht.

Die Unmittelbarkeit der Frage stürzte mich in Verwirrung und Hilflosigkeit. Ich reagierte als Weltkind, ich antwortete mit dem Intellekt: »Ja, ich habe ein Ziel.«

Der Meister schlug die Hände zusammen, der Ton war ein scharfer Peitschenschlag. Das klang endgültig. Er sagte: »Nein, es gibt kein Ziel. Nimm auch Zazen nicht als Ziel. Nimm es auch nicht als ein Mittel zum Zen. Es ist gut und richtig, daß du zum Zazen gehst, aber wenn das Zazen nicht in dir das Zazen bewirkt, ist es nichts. Du bist heute hier, wie du bist. Wenn du nach einem Jahr Übung von hier weggehst, gehst du als dieselbe, die du heute bist. Zen ist tägliches Leben, wie es ist. Wenn du glaubst, daß tägliches Leben und Zazen verschieden sind, so gehst du in eine falsche Richtung. Das ist die große Freundlichkeit des Meisters, dir dieses zu sagen.«

Danach hatte ich meine Zen-Aufgabe zu sagen, die er mir kurz vor dem Abschied gegeben hatte. Ich sagte auf deutsch: »Höre die lautlose Stimme der einen Hand.« Ueda übersetzte ins Japanische. Der Meister sagte: »Das ist deine Zen-Aufgabe.« Als ich mich verbeugte, traf mich sein Schlag. Wieder erschrak ich. Aber es ist ein Erschrecken, das mit dem Erschrecken im täglichen Leben nichts gemein hat. Und wieder war eine Sekunde Licht in mir.

Das Gespräch wurde zwischen dem Zen-Meister und Professor Ueda japanisch weitergeführt. Ich freute mich. Wie leicht die Schwingungen des Gespräches hin- und herüberliefen. Gut, dabeizusein.

Ueda übersetzte mir: Der Meister habe mich mit meinen Übungen so einbezogen, daß ich hier, in den hinteren Tempelräumen, zu jeder Zeit üben dürfe. Wann es mir passe, wie lange es mir passe. Mindestens aber dreimal in der Woche. Einmal in der Woche Sanzen mit Ueda-san und Tsujimura-san gemeinsam. Die großen Übungszeiten in der Zen-Halle waren auch für mich verpflichtend. Ich hatte wie früher mit den Mönchen und dem Studentenkreis gemeinsam zu üben.

Damit erhob sich der Meister. Wir verbeugten uns tief. Er begleitete uns, weil er uns den Übungsraum zeigen wollte, den ich nun täglich benutzen durfte. Es waren zwei große Räume, durch Schiebetüren miteinander verbunden. Im vorderen Raum der Sitz des Zen-Meisters auf dem Boden, hier sitzt er bei morgendlichen Andachten, und hier ist auch sein Platz im Sanzen.

An den Wänden stehen Altäre und Erinnerungstafeln verstorbener Zen-Meister des Shokokuji. Wie oft habe ich später davorgestanden.

Hier habe ich begriffen, daß der Tod zum Leben gehört

wie das Leben zum Tod. Das hat etwas ungemein Tröstliches. Hier habe ich auch begriffen, daß der Tod keine Feierlichkeit verlangt.

Die Raumaufteilung in Japan hat mich immer von neuem fasziniert. Einzig durch freistehende Säulen wird eine Trennungslinie angedeutet. Äußere Schiebetüren, die an der gegenüberliegenden Wand angebracht sind, führen auf den Rundgang, der vor beiden Räumen entlangläuft. Wunderbare, lange, schwere Holzbalken aus einem Stück sind der Fußboden. Sie glänzen wie Ebenholz. Ringsum ein einfaches Holzgeländer. Ich liebte diesen Raum. Zu Füßen der Garten, eingefaßt in die schöne, alte Umfassungsmauer des Shokokuji. Bienen summten, Rosen dufteten – die Welt stand still. Gleich nebenan war die *Doshisha*, das Universitätsgelände. Und oft lauschte ich voll Bewunderung den Gesangsübungen, die auf den Dächern geübt wurden. Tonleitern als Ausatmungsübungen. Alles mit Kraft und von langer Dauer. Dennoch blieb mein Bereich still.

Der junge Lärm, der unbekümmert herüberschallte, störte meine Stille nicht. Denn die Stille holte mich in sich hinein. Und im Erleben dieser Stille erlebte ich Zen, wie im Herzen des Shokokuji angekommen.

Durch die zurückgeschobenen Türen sah ich auf den jungen Bambus im Innenhof. Ich sah die Vase mit den Rosen neben der weißen Buddha-Statue. In der gegenüberliegenden Ecke des Raumes stand in einer schmalen, hohen Vase eine voll erblühte Rose. Wunderschön. Es war, als öffneten sich mir alle Türen.

Plötzlich fiel mir eine Begebenheit aus meiner ersten Japan-Zeit ein, über die ich nie nachgedacht hatte. Jetzt bekam sie ein anderes Gesicht.

Als ich damals voller Ungeduld darauf wartete, endlich in das Kloster zu kommen, hatte Professor Ueda zusammen mit seiner Frau Maniko eine Reise nach Tokio für mich arrangiert. Und voller Stolz verkündete er: »Groening-san, wir sind bei Professor Blyth eingeladen.«

Ich kam nicht auf den Gedanken zu fragen, wer Professor Blyth ist. Und ich ahnte nicht, daß Ueda alles aufgeboten hatte, um mir diese Einladung zu verschaffen. Ich wußte auch nicht, daß für Ueda diese Ausnahme gemacht wurde, nicht etwa für mich.

Professor Blyth ist Engländer und arbeitete als Professor für englische Literatur an der Kaiserlichen Universität Tokio. Er war der Erzieher des Kronprinzen.

Ungewöhnlich an seinem Leben aber war eine sechzehnjährige Ausbildungszeit im Zen in einem alten, berühmten koreanischen Zen-Tempel unter der Führung eines der großen Zen-Meister seiner Zeit. Und Professor Ueda sagte mir mit einer Stimme voller Demut: »Er ist ein Hindurchgegangener.« Das bedeutet ein Erleuchteter, die höchste und tiefste Erfahrung für einen Zen-Buddhisten.

Ich war damals nicht fähig, das Besondere darin zu erkennen. Ich begriff auch nicht, daß ich mit dieser Einladung mitten im Zen stand.

*

Professor Blyth empfing uns an der Gartenpforte seines kleinen japanischen Hauses. Eindeutig ein Engländer: lang, mit gelassenen Bewegungen. Er begrüßte Ueda mit einem Handschlag, mich aber traf ein Blick, der mir später in der Zen-Halle sehr vertraut wurde: ein Blick, der aus dem Brennpunkt der Konzentration kam. Ich fühlte mich unbehaglich und dachte, dieser Blick rühre an meine Seele. Ich erschrak. Was wußte ich denn überhaupt von meiner Seele?

Er begrüßte mich dann, als hätten wir uns immer schon gekannt. Diese Offenheit verwirrte mich restlos. Ich hatte immer geglaubt, offen zu sein. Aber das hier war etwas ganz anderes. Alle Türen zwischen uns standen weit offen, ich sah in eine grenzenlose Helligkeit. Das machte mich scheu. Meine eigene Schwere lastete auf mir. Ich spürte meine Dunkelheit körperlich.

Frau Blyth, eine junge Japanerin, kam auf uns zu wie ein zwitschernder Vogel. Sie verbreitete Heiterkeit und Leichtigkeit.

Es war eine fröhliche Teerunde. Jeder Versuch, ein ernstes Thema anzuschneiden, wurde im Keim erstickt. Ich lernte, Tee zu trinken – und nichts anderes zu tun, als Tee zu trinken.

Frau Blyth räumte das Teegeschirr ab und kam nicht zurück. Ich erwartete nun ein ernsthaftes Gespräch und erhoffte Antwort auf viele Fragen. Aber dazu kam es nicht. Professor Blyth erklärte mir nicht, wie man konkret Zen üben kann, noch gab er interessante Berichte über seine Erfahrungen im Zen-Kloster. Er wich konsequent jeder direkten Frage über Zen aus. Ich hatte das Gefühl, daß wir auch nicht einen Funken Übereinstimmung im Denken hätten.

Statt dessen fragte er mich, warum ich nach Japan gekommen sei. Und nun blieb ich verschlossen. Für mich war mein Hiersein nichts Besonderes. Ich hatte meine Gründe dafür, über die ich nicht sprechen wollte.

Das Gespräch war unergiebig, und von Zen hatte ich

nichts erfahren. Und das war es, was mich interessierte. Ich war enttäuscht.

Plötzlich sprang Professor Blyth auf. Das ging so schnell, daß ich es nur erstaunt feststellen konnte, begreifen tat ich nichts. Er warf sich in den einzigen Liegestuhl, der im Zimmer stand, streckte seine langen Beine weit von sich und lag so entspannt wie eine Katze da. Es verblüffte mich, wie total entspannt ein menschlicher Körper sein kann. Er lächelte mich an, ein schwereloses Lächeln, und sagte ernst: »So müssen Sie Zen üben. Wenn Sie nicht weiterwissen, wenn Sie verzweifeln wollen und nicht wissen, was Sie tun sollen, lassen Sie alles fallen. Seien Sie leer. Das ist Zen.« Er sah mich mit einem von innen herkommenden Blick an, und hinter den Augen öffnete sich eine Tiefe, die ich vorher niemals gesehen hatte.

Eine Weile lag er unbeweglich da. Dann erhob er sich, als wäre nichts geschehen. Es war etwas geschehen, was ich damals nicht begreifen konnte. In mir war ein neues Gefühl, eine innere Bewegung.

Bald darauf verabschiedeten wir uns. Professor Blyth brachte uns wieder an die Gartenpforte, drückte mir kurz die Hand und sagte leise, aber deutlich: »Come back.« Warum bin ich dieser Aufforderung nie gefolgt? Und warum fiel mir auf einmal dieser Besuch ein? Ja, das war es: Es ging nicht darum, Zen zu üben, um von einer Stufe zur anderen zu gelangen. Es ging darum, Zen in sich zu erfahren, es zu leben.

*

Die Fragen des Meisters sind Schneisen auf dem Weg zum Zen. Der Ernst, mit dem sie gestellt werden, gibt der

Trägheit des Herzens, der Unsicherheit, allem Schwanken den letzten Stoß. Oft bin ich Fragen auf unverbindliche Weise ausgewichen, indem ich den Intellekt einschaltete. Das Geflecht der äußeren Gründe, das ich vor die eigentlichen inneren Beweggründe geschoben hatte, entlarvte sich in mir als Flucht vor mir selbst. Nichts als staubige Gedanken. Und so zerfielen sie auch.

Nach Japan war ich zurückgekommen, weil ich das Auf und Ab, die Höhen und Tiefen eines Selbstbewußtseins, das nur um das kleine Ego kreist, bis in eine endlose Müdigkeit hinein leid geworden war. Ich stand mir im Wege. Die Einsichten, die mir im Zen gekommen waren, ließen mich nicht los. Aber ich brauchte die Hilfe des Meisters, um Zen wirklich leben zu können.

Professor Ueda, Freund und Dolmetscher, fragte mich am ersten Tag meiner Rückkehr nach Japan: »Groening-san, glauben Sie, daß Sie es beim zweiten Mal leichter haben werden?« »Nein«, antwortete ich spontan, »schwerer.«

Denn nun war ich nicht mehr die nur Suchende, die zögernd erste Schritte in sich hineintut, um aus den Begrenzungen ihres Ich herauszukommen. Dieses Mal kehrte ich als ein Mensch zurück, der weiß, wie schwer es ist, sich aus der Ichhaftigkeit, aus dem Egoismus zu befreien, um in die Wirklichkeit des Lebens vorzustoßen. Erst in Deutschland hatte ich verstanden, wie tief ich die dünne Luft des Zen eingeatmet hatte. Ich war anders geworden. Nicht besser und nicht schlechter – anders.

Ich hatte nicht ermessen können, was es bedeutet, über Jahre in eine Erfahrung hineingestellt zu sein, die jede Bindung, jedes Festhalten an etwas von vornherein zurückweist, einfach nicht zuläßt. Wissenschaftliche Überzeugungen haben im Zen gleichen Kurswert wie Glaubensinhalte, Weltanschauungen. Sie müssen zurückgestellt werden, will man ernsthaft in das Zen hineingehen. Sie werden – und das ist bezeichnend für Zen – »auf die lange Bank geschoben«, ohne Für und Wider. Was der Zen-Übende daraus macht, wenn er sich selber gefunden hat, ist seine Sache. Niemand zerbricht sich darüber den Kopf.

Auch ich hatte mir darüber nicht den Kopf zerbrochen. Um so tiefer traf mich die Erkenntnis, daß ich der intellektuellen Gespräche und Erörterungen über das Leben, Glauben und Nichtglauben, Urteilen und Verurteilen müde geworden war. Noch erschreckender, ich hielt das alles für Energieverschwendung.

Fast verblüfft erfuhr ich jetzt in mir, daß jener Nimbus, den Technik und Mondfahrten früher für mich hatten, mich nicht mehr erreichte. Indem ich alles Bemühen darauf verwandt hatte, Denken nicht als einzigen Maßstab für Erkennen dessen, was ist, anzusehen, hatte sich auch meine Denkkraft frei gemacht von Emotionen. Ich dachte einfach, klar und ohne Schnörkel. Wie sollte ich das andern erklären können?

Hat es einen Sinn, über Zen zu reden? Kaum. Selbst wenn es aus einer intellektuellen Neugierde geschieht, ist es eine halbe Sache. Es muß konkret erfahren werden. Zen ist eigene Erfahrung. Zen ist keine Idee, der man anhängen oder die man ablehnen kann. Ich erfuhr jetzt etwas, was ich dem Mittelalter zugeordnet hatte, für unsere Zeit längst überlebt: daß Ideen Menschen trennen und verfeinden können, daß nur Erkennen der Wirklichkeit, dessen, was ist, sie miteinander verbinden kann.

Zen ist der Augenblick, in dem ich lebe. Im Zen ist der

Augenblick eine Ewigkeit, ohne Anfang und Ende, wie die Ewigkeit.

Wie lerne ich zu leben, daß Ewigkeit ist wie Zeit und Zeit wie Ewigkeit?

*

Wie in meiner ersten Zeit in Japan besann ich mich jetzt wieder darauf, daß »über etwas denken« noch nicht »denken« ist. Daß rationales, begriffliches Denken noch nicht die ganze Denkkraft beinhaltet, sondern nur ein Teildenken ist. Und ich erinnerte mich eines Gesprächs mit dem japanischen Professor N. in Hamburg, der gerade von einer Gastvorlesung aus Süddeutschland zurückkam. Dieser Professor war bei seinen Studenten als scharfer Denker gefürchtet. Dennoch erzählte er mir tief betroffen:

»Wir Japaner können uns hier nicht verständlich machen. Im Westen glaubt man, weil wir das logische, begriffliche Denken nicht im täglichen Gebrauch anwenden, seien wir nicht fähig, mit Logik und Begriffen umzugehen. Wir müssen beweisen, daß Logik und Begriffe nur Teile der Denkkraft beanspruchen, daß Denkkraft als solche nicht eingegrenzt ist durch Logik und Begriffe.

Denkkraft kann nicht durch Denken begrenzt werden. Nötig ist doch nur, die Denkkraft in uns freizugeben, so wie man auch jede andere Kraft freigeben kann. Wir Japaner müssen die Spielregeln des logischen, westlichen Denkens dazulernen, um so mit diesen Begriffen umzugehen, wie es der Westen tut.

Unser Vorteil ist, daß unsere Gehirne weniger eingeengt sind. Logik, begriffliches Denken hält das Denken und die Gedanken fest, das Gehirn kann nicht weiterschwingen im Denken. In unserer Ausbildung lernen wir, daß es nichts gibt, was man endgültig festhalten kann.«

Das Gespräch fand vor etwa fünfzehn Jahren statt. Heute ist Japan zur führenden Wirtschaftsmacht geworden. Und – so meine ich – heute lächelt wohl niemand mehr über Japans mangelndes logisches Denkvermögen.

Tsujimura hatte es übernommen, mich bei dem neuen Zen-Meister des Shokokuji, Meister Sonin Kajitani, einzuführen. Er begleitete mich bei meinem Antrittsbesuch und war Dolmetscher in dem Gespräch zwischen mir und dem Meister. Ich bat um die Erlaubnis, weiterhin als Mitglied der Laiengruppe an den Übungszeiten des Shokokuji teilnehmen zu dürfen. Im Sanzen blieb ich Schülerin meines alten Meisters.

Ein offizieller Besuch bei einem Zen-Meister vollzieht sich auf einer anderen Ebene, ja, in einer anderen Dimension als jeder dieser Besuche im Westen. Ein junger Mönch kam und fragte uns nach unserem Begehren. Tsujimura gab Auskunft. Wir warteten. Als er uns bat einzutreten, verbeugten wir uns dankend. Warten und Verbeugung waren ohne Eile, ohne Ausweichen in Gedanken und Tätigkeiten des Tages. Wir blieben nicht zurück im Vergangenen, wir waren offen für das Gegenwärtige. Ich mußte meine westliche Denkweise ablegen, die sich anmaßt, über jeder Begegnung zu stehen, indem sie Zweck und Ziel ist im Denken und Tun. Hier ging es um eine Beziehung, um nichts anderes. Als wir uns vor dem Zen-Meister verbeugten, war der Kreis geschlossen. Die innere Beziehung wurde zu Schwingungen, die mir die Begegnung leichtmachten.

Dabei war es kein besonderes Gespräch. Die Zusage

wurde mit Freundlichkeit erteilt. Der Meister stellte Fragen, Tsujimura antwortete, manchmal lachten beide. Und doch spürte ich eine Kraft in allem, was geschah, als wären Worte wie Naturereignisse, elementar in sich selber: Es regnet, es schneit, nichts daneben, nichts im besonderen – und doch das Einmalige, niemals Zwiespältige des Zen, das unmittelbar verwandelt, neu ist.

Meister Sonin Kajitani war für mich kein Fremder. Ich hatte eine kleine Begebenheit in Erinnerung behalten, die für mich ein Zen-Erlebnis war: Irgendwann beim schnellen Laufen war ich aus einer Strohsandale gerutscht. Ich zögerte, mich zu bücken, ich zögerte, den Lauf zu unterbrechen. Bevor ich mich entschieden hatte, das waren nur Sekunden, bevor ein anderer den Vorfall überhaupt bemerken konnte, bückte sich der heutige Zen-Meister vor mir und reichte mir meine Sandale. Seine Unmittelbarkeit traf mich mitten ins Herz. Es war ein Augenblick, der mich aufweckte.

Meister Sonin Kajitani ist sehr ruhig. Aber unter der Ruhe liegt eine Kraft, die mich scheu macht. Seine Konzentriertheit im Bewußten holt die Dinge des täglichen Lebens aus der Unbewußtheit des Tages heraus und stellt sie mitten ins Bewußtsein. Diese Konzentration wirkt auf mich wie die elementare Kraft der Sonne. Man wird von ihr beschienen, ob man es will oder nicht. Es ist so, als würde ich dadurch immerfort aufgerufen, meine persönlichen Kleider auszuziehen und sie als nutzlos und verbraucht abzulegen. Das, wovor ich mich im geheimen fürchtete, wovor ich flüchtete, wurde mir in seiner Anwesenheit drängend bewußt. Er weiß mehr von mir, von meinem inneren Zustand, als ich selber von mir weiß, dachte ich.

Immer noch lief ich im Kreise um mich selber herum. Immer noch verwechselte ich Trägheit des Herzens mit Stillsein im Herzen. Immer noch hielt ich das eine Leben, wie ich es leben konnte, als Privileg meines persönlichen Ich. Immer noch verwechselte ich Nichts-Tun mit Schlafen.

Was bedeutet Zen für mich in diesem Zustand wirklich? Stellte ich diese Frage in tiefem Ernst oder mit der Ungeduld eines Kindes, das sich etwas wünscht, das nur etwas haben will?

War Zen ein Glaube in mir an eine übergeordnete Kraft, die mich ohne mein Zutun von außen ergreift und meine Handlungen bestimmt? Suchte ich immer noch die Geheimtüren, die in diese Kraft hineinführten?

Ich konnte immer noch nicht beantworten: »Was ist Zen?« Die Erfahrung meiner selbst wie die Erfahrungen des Zen waren in der Realität des Bewußtseins gelegentlich aufgeleuchtet. Es hatte Zeiten gegeben, in denen das Ich substanzlos an die Peripherie gerückt war, in denen der unsinnige Anspruch des Intellekts, der Sinn des Lebens zu sein, sich aufgelöst hatte im Bewußtsein des Da-Seins. Da-Sein im Sein. Das Sein war in das Bewußtsein eingetreten. Ich wußte jetzt, daß das Licht des Ursprungs in mir existierte. Aber wieder hatten sich Nebel über die Erkenntnis gelegt, daß ich im Ursprung bin, mag ich noch so weit davonlaufen, ich kann nicht aus mir herauslaufen. Im Ursprung bin ich angeschlossen an die Summe aller Intelligenz, an die Summe aller schöpferischen Kräfte in mir, an die schöpferische Kraft des Lebens. Was machte es nur so schwer, den Ursprung zu realisieren? Kam ich in die Zen-Halle zurück, um erleuchtet zu werden oder um zu lernen, zu erkennen, wer ich bin?

8
Lernen wir uns sehen, wie wir sind

Unbewußt hatte ich Zen – das Privileg, Zen unter einem berufenen Meister üben zu dürfen – als eine höhere Stufe des Lebens angesehen. Ich betrat die Zen-Halle mit dem Gefühl, dem Alltag Lebewohl gesagt zu haben. Ich sehnte mich danach, geistig auf eine andere, höhere Stufe zu kommen.

Die Impulse, die mich in die Zen-Halle geführt hatten, entzogen sich dem Wesen meines rationalen Denkens, einer »vernünftigen« Überlegung. Rationales Denken und irrationales Handeln liefen zusammen in meinem Entschluß. Gibt es überhaupt klare Grenzen in den Bereichen innerer Entscheidungen, die nicht vom Verstand aus geführt sind?

Ich lief Gefahr, Zen zu idealisieren.

Der Meister hatte mein Wesen erkannt. Er sah deutlich, was mich bewegte. Ich sehnte mich nach einer Gestalt in mir, die Zen ist. Ich flüchtete in eine Gestalt, die es nicht gibt.

Ohne mich auch nur zu fragen – Entscheidungen dieser Art fällt der Zen-Meister allein –, hatte der Meister Verbindungen mit der Blindenschule in Kioto aufgenommen. Ich sollte als Praktikantin an der Ausbildung der Blinden teilnehmen. Der Unterricht sah praktische Massagetechnik und Akupunktur vor. An den wissenschaftlichen Fächern konnte ich nicht teilnehmen, weil mir Sprachkenntnisse fehlten. Der Meister wollte mir dadurch bewußtmachen, daß Zen tägliches Leben ist, nichts anderes daneben.

Die Autorität eines Zen-Meisters ist auch im modernen Japan unangetastet. Drei Professoren der Universität Kioto führten mich in die Blindenschule ein. Ueda-san begleitete mich als Dolmetscher. Die Begrüßung fand mit tiefen Verbeugungen statt, die auf beiden Seiten genau der Rangstufe angepaßt waren. Ich stand neben Ueda-san und verbeugte mich gleich tief. Aber ich fühlte, es genügte nicht. Ich war Außenseiter. Für den Europäer ist der tiefere Sinn der Verbeugungen meistens verschlossen. Und wenn er ihn erfaßt, ist er ihm wesensfremd.

Die »rechte« Haltung im Verbeugen ist *Busho*, die Haltung des Samurai; Leerheit des Ich und innere Sammlung sind der Kern dieser Haltung. Im Sichverbeugen löst sich der Japaner von seinem Ich. Das »kleine« Ich ist Illusion.

Wir wurden in den Empfangsraum geführt. Tee wurde hereingetragen, die Unterhaltung floß dahin. Wir saßen auf Stühlen, was mich erstaunte. Praktische Fragen wurden kaum gestreift. Das Sichentgegenkommen war wichtiger als das, was gesagt wurde. Wir blieben Stunden. Niemand hatte Eile. Als wir aufstanden, wurde mir lächelnd gesagt, daß man mich morgen früh zum Unterricht erwarte.

Es war nichts Besonderes geschehen, und doch bekam ich bei diesem »offiziellen« Zusammensein eine Ahnung davon, wie tief der Japaner noch im Uneigentlichen (im Nichtumrissenen) des Lebens ruht, sich einfach hingibt an das, was fließend und nicht faßbar ist; wie auch das Eigentliche fließend ist, nur für Augenblicke in seinem Wesen konkret in Erscheinung tritt. Der Ausländer weiß selten, was im Wesen des Japaners eigentlich oder uneigentlich ist. Wie auch in diesem Zusammensein Eigentliches und Uneigentliches ineinandergeflossen waren, sich die Waage gehalten hatten.

Am nächsten Morgen begrüßten mich Lehrer, Ärzte und Schüler herzlich. Welche Bedeutung jede Veränderung des Lebens für Blinde hat, wußte ich noch nicht. Ich war plötzlich ohne Freude. Mir fehlte jede Vorstellung, was eine Blindenschule bedeutet. Es erschreckte mich, als ich nur Blinden begegnete. Blinde auf den Korridoren, in den Klassenzimmern, im Lehrerzimmer. Auch von den Lehrern waren die meisten blind. Jedem wurde ich vorgestellt, jeder begrüßte mich mit einer Freundlichkeit, Freudigkeit, die mich beschämte.

Ich sah in erloschene Augenhöhlen, in Augen, die zu Schlitzen geworden waren, die keinen Lichtstrahl mehr sehen konnten. Ich sah in Gesichter, die so hilflos waren, als wäre die Welt um sie herum nicht vorhanden, als lebten sie in einer Welt, die außer ihnen niemand kannte, ein Niemandsland des Geistes.

Es war zuviel. Ich wäre am liebsten davongelaufen. Aber Mitleid und Scham hielten mich zurück. Es waren viele junge Gesichter darunter. Hilflos, preisgegeben an etwas Dunkles. Später erfuhr ich, daß nicht alle völlig blind waren. An diesem ersten Tag sah ich nur Gesichter, die von einer stumpfen, stummen Ergebenheit gezeichnet waren.

Zum ersten Mal empfand ich Gesundheit als Besitz. Instinkte, nie aufgewacht, jahrmillionenalt, wehrten den Schwachen als Unterlegenen ab. Angst schüttelte mich vor der Brutalität meiner Gedanken. In diesem Augenblick entschied sich etwas Wesentliches in mir. Es kommt nicht darauf an, Instinkte, Atavismen in sich zu erschlagen, sich selbst totzuschlagen, wenn sie in Augenblicken auftauchen, in denen es darum geht, Mensch zu sein. Es kommt darauf an, in diesen Augenblicken das Bewußtsein für das menschliche Sein zu öffnen, für die Dimension des Menschlichen in der Welt. Wir müssen lernen, Menschen zu sein.

Die Blinden vertrauten mir und halfen mir, Griffe zu lernen. Sie übten an mir die Punkte, die ich für die Akupunktur lernen mußte. Ihre Freundschaft bedeutete mir viel, wir verstanden uns ohne Worte. Ihr Leben war vielfach anders, als ich es am ersten Tag gesehen hatte. Die Lehrer waren verheiratet, ihre Kinder konnten sehen und halfen den Blinden, ein normales Leben zu führen. Musik füllte sehr oft die Lücke aus, die das Nicht-sehen-Können in ihnen hinterlassen hatte. Sie erinnerten mich oft an Kinder in ihrem Eifer, mir vorzusingen, mich hereinzuholen in ihr Leben. Ich war ein Ereignis für sie. Sie beschäftigten sich mit mir. So kam es zu Beziehungen, in denen ich ihnen zurückgab, was sie mir an Freundschaft gaben.

Ich gab es auf, über Zen nachzudenken, was Zen für die schöpferische Aussage in meinem eigenen Leben bedeutet.

Das tägliche Leben, die tägliche Arbeit ließen mich erfahren, daß Zen tägliches Leben ist. Mein Beruf, der mir für ein Zen-Praktikum nicht »geistig« genug erschienen war, stand jetzt im Mittelpunkt dieses Praktikums.

Ich arbeitete in der Blindenschule mit täglich wachsender Begeisterung. Ich lernte mit einer Beteiligtheit, wie ich sie nur als Kind gekannt hatte. Ich brannte wieder darauf, etwas zu lernen, was mich wirklich interessierte. Als einmal ein junger Blinder sagte, an dem ich eine

Kopfmassage geübt hatte: »Groening-san wird einmal ganz groß im Massieren«, war ich so stolz auf diese Auszeichnung, als wäre sie von allerhöchster Stelle gekommen. Ich begriff plötzlich, daß Massieren genau so schöpferisch sein kann wie eine geistige Arbeit.

Blinde fühlen sich mit ihrem verfeinerten Tastsinn in das, was im Organismus vorgeht, ein. Sie sehen die Veränderungen nicht, aber sie fühlen sie – oft mit einer Präzision, die Sehende überflügelt. Tastend nehmen sie den Bewegungsrhythmus auf, folgen den Schwingungen, nehmen Störungen wahr, lösen sie auf. – Sie ertasten Schwingungen, Bewegungsabläufe, die über die nur körperlichen Bereiche hinausgehen. Ein rational nicht abgrenzbares, greifbares Feld von Strömungen und Beziehungen in geistige und seelische Zusammenhänge öffnet sich, schließt den Menschen wieder an sich selbst an. Ich lernte in der Zusammenarbeit mit Blinden ein neues, anderes Tasten, Greifen, um Spannungen im Haut- und Muskelgewebe aufzufinden, aufzulösen.

Die Beziehung meiner Hände zum Körper des zu Behandelnden wurde subtiler, präziser. Vor jeder Unterrichtsstunde wurden Hand-Arm-Körperübungen gemacht, die den Händen Leichtigkeit, Sicherheit, ungestörtes Tastgefühl geben. Ich lernte mit der Wachheit und Präzision arbeiten, die Künstler für die Gestaltung ihrer Werke aufwenden. Die Hände verloren ihren Eigenwillen, bestimmten nur soweit, wie sie bestimmt wurden. Die Finger wurden dabei zu Tastinstrumenten, die täglich sicherer tasteten. Können wird Kunst. Sie besteht in der Fähigkeit, zwischen dem, der greift, und dem, der gegriffen wird, Beziehungen herzustellen, die sich »ereignen«. Die Verbindungen sind so subtil, daß die innere Ordnung der Bewegungsabläufe sich wiederherstellt. Sehen wird gleichzeitig Hören, Horchen, Hineinhorchen.

Meine Zusammenarbeit mit den Blinden war eine der wichtigsten Stationen im Zen. Ich wurde aus einer Abgrenzung in mir herausgeholt, eine Mauer wurde niedergerissen, die nur von Herz zu Herz niedergerissen werden kann.

Ich lernte etwas, was für mich entscheidend geblieben ist: Aus Zen leben ist in Übereinstimmung mit sich selbst leben. Und in Übereinstimmung mit dem Nächsten. Wir leben das gleiche Leben unter der gleichen Sonne; jeder von uns atmet den Tag auf seine Weise ein und atmet ihn auf seine unverwechselbare Weise aus; wenn mir bewußt ist, daß ich es bin, der einatmet und ausatmet, bin ich im Zen.

Ueda-san hatte mir aus der alten Zen-Schrift, die uns Morimoto-Roshi ans Herz gelegt hatte, noch ein Wort übersetzt, das mir in meiner Arbeit mit den Blinden wegweisend wurde:

»Das ungeborene Buddha-Herz, das uns durch Geburt von den Eltern überliefert ist, ist das einzige wahre Geschenk der Eltern. Wir sehen oder hören nicht mit dem Gedanken, zu sehen oder zu hören, oder dem Vorsatz, zu sehen oder zu hören. Vorher ist es schon ins Auge oder ins Ohr hineingekommen. Wenn wir sehen, sehen wir schon vor jedem Bewußtsein, daß wir sehen. Wir sehen mit dem Buddha-Herz. Das Buddha-Herz ist deswegen Buddha-Herz, weil es ungeboren ist. Alles Anwesende ist vollständig abgeschlossen in diesem ungeborenen Buddha-Herz. Alles Anwesende ist in Ordnung und Erfüllung.« (Buddha-Herz bezeichnet die Totalität aller Lebenskraft.)

Die Zeit in der Blindenschule hat Zen in mir erschlossen für das tägliche Leben. Zen bedeutete in der Blindenschule nichts Besonderes, weder im Tun noch im Lassen. Aber in seiner Absichtslosigkeit drang es in mich ein. Ich zog keine Grenzen zu einem Gegenüber. In der kleinen Klinik, die an die Schule angeschlossen war, in der die fortgeschrittenen Studenten praktizierten – auch ich durfte massieren und akupunktieren, unter der Aufsicht eines Arztes –, kamen Menschen aus allen Schichten. Jeder legte sich auf das gleiche Laken, benutzte das Kopfkissen seines Vorgängers. Niemanden störte es. Ich mußte dasselbe tun, wenn man mir Griffe oder Nadelungen demonstrierte. Zuerst drehte sich in mir buchstäblich der Magen um. Gab es hier keine Hygiene? Aber merkwürdig, wie schnell ich dachte und fühlte wie meine japanische Umgebung. Ich gehörte zu ihnen im Lernen, dabei gab es keinen Unterschied. Die Sauberkeit des einzelnen, das tägliche heiße Bad ließ keine Gerüche aufkommen, machte die Körper sympathisch. Wir gingen alle in eine Richtung.

Es blieb mir lange Zeit unbewußt, daß ich handele und im selben Augenblick reagiere. Das Handeln und Reagieren unmittelbar geschehen, in ihrer Bewegung gleichzeitig ablaufen, ineinanderlaufen in einer Energie. Das innere Zögern zu handeln, das dadurch entsteht, daß wir stets denken, bevor wir handeln, macht das spontane Tun zu einer der schwierigsten Aufgaben im Zen.

Daß eine Bewegung in sich ein polares Geschehen ist, eine polare Spannung erzeugt, hatte ich vom Verstand in mich aufgenommen, nicht aber aus eigener Erfahrung aus mir selbst. Um Zen zu erfahren, um wirklich zu leben, mußte ich unmittelbar in mir das Leben erfahren.

Ich habe das tägliche Leben in Japan geliebt. Es umschloß mich jeden Tag neu. Die Beziehung zum wirklichen Leben riß nie ab, wo ich auch war, was ich auch tat.

Damals schickte mich der Meister auch zum Präses der Zen-Maler in die Lehre. Toshiko, die Tochter von Professor Nishitani, begleitete mich als Dolmetscherin und lernte mit mir. Von nun an besuchten wir einmal in der Woche das Haus des Malers. Er unterrichtete uns im Tuschmalen. Tuschmalen gehört zu den ältesten Disziplinen des Zen. Die Kraft des japanischen Wesens findet in dieser Kunst einen starken Ausdruck.

Ich stand etwas hilflos beiseite. Toshiko handhabte Pinsel und Tusche seit Jahren im Kalligraphie-Schreiben. Ich hatte Angst. Es war nicht der ungewohnte Pinsel, der mich schreckte, die Tusche – es war einfach die Tatsache, auf einem neuen Gebiet mich ausdrücken zu müssen. Ich ängstigte mich vor einer Ausdruckskraft in mir, die ich mit Wissen nicht erreichen konnte. Sich unmittelbar, direkt frei geben in seinem Ausdruck war das Problem, das mich jahrelang nach dem schweren Eisenbahnunfall in meiner Jugend gequält hatte. Ich stand jetzt plötzlich wieder vor dieser Barriere in mir.

Ich wußte damals nicht, daß ich in meinen Ängsten, hier den Ausdruck zu finden, genau an demselben Punkt stand, an dem ich mich im Koan festhielt.

Natürlich lernte ich, den Pinsel zu halten, zu führen, die Tusche zu reiben, richtig zu verteilen. Ich gab mir große Mühe, das alles richtig zu machen. Aber ich fand den Weg nicht in die Freiheit, mich auszudrücken. Es dauerte lange, bis ich in mir selbst erfuhr, was mich festhielt, woran ich mich festhielt. Ich fixierte mich innerlich auf das, was ich malte. Ich gab es nicht frei im Bewegungsablauf, in seiner Gestalt. Mir war nicht bewußt, daß ich die innere Bewegung nicht freigeben konnte, daß Innen und Außen ohne Zusammenhang blieben, ich selbst ohne Beziehung blieb zwischen Innen und Außen. Es war ein mühevoller Weg, der mich nur in seltenen Augenblicken in meine schöpferische Kraft heineinführte. Ich schenkte dem Meister einen meiner Versuche. Er kritisierte nicht, sagte nur freundlich etwas Ermutigendes. Tsujimura hingegen sagte trocken: »Das ist europäische Malerei.«

Allmählich verbiß ich mich in die Tuschmalerei. Ich stand nachts auf, setzte mich an den niedrigen Tisch und versuchte, eine Maus zu malen. Der Schwung des Rückens war die Bewegung, die ich aus mir herausholte. Später waren es Küken, die aus dem Ei schlüpfen. Immer wieder und wieder versuchte ich, die Energie des Schlüpfens einzufangen – ohne sie in mir abbrechen zu lassen. Das war der Anfang meines intensiven Interesses für Energie, wie ich sie in mir freigebe, was ich mit ihr tue. Es ging mir dabei auf, daß alles, was ich tue, und auch das, was ich nicht tue, nichts anderes als Energie ist, Energie, die mich lebendig macht, aus der ich lebe. Zen ist der Weg in den Ursprung meiner Lebenskraft.

Etwas löste sich in mir. Aber nicht völlig. Ich bin heute noch dabei, in meiner Arbeit – in mir selbst, bei meinen Schülern – die Nachwirkungen von Schocks einzubeziehen, die Blockierungen, die sie gesetzt haben.

Unser Wahrnehmungsvermögen entwickelt sich in uns durch Achtsamsein wie ein neues Organ. Wir haben ein angeborenes Gleichgewicht in uns, in unserer Natur. Wenn wir anfangen, uns zu beobachten, darauf achten, wie wir reagieren, wie wir mit uns umgehen, wann wir im Widerstand sind mit uns selbst, ob wir uns ausliefern an das, was uns erregt, oder ob wir ruhig bleiben, über wir Zen.

Das, was der Meister vorausgesehen hatte, erfüllte sich. Ich lernte Tuschmalen, und gleichzeitig lernte ich, meine inneren Kräfte zu realisieren. Aber ich wußte nicht, mit ihnen umzugehen. Ich geriet in einen Zustand innerer Erregung, der Festgefügtes in mir umriß – unentwegt stellte ich mich selbst dabei in Frage – ich lebte in mir, als lebte ich auf einem neuen Kontinent. Ich glaube, es war Ueda-san, der mir in dieser Zeit eine kleine Broschüre brachte. Er meinte, sie könnte mich interessieren. Es war die Aufzeichnung einer Folge von Gesprächen zwischen Paul Tillich und Hoseki Hisamatsu in Harvard, wo beide sich als Gastprofessoren begegnet waren. Paul Tillich hatte Hisamatsu darum gebeten, mit ihm über Zen sprechen zu dürfen. Die erste Frage, die Paul Tillich an Hisamatsu richtete, war: »Wie kann ich in der Turbulenz des Geistes in mir still sein?« War ich mit Blindheit geschlagen gewesen, daß ich mir selber diese Frage nie gestellt hatte? Ich sah jetzt unmittelbar mein Bemühen, in Zen einzudringen, als etwas, was ich von außen nach innen hereinholen will, als einen Gegenstand, den ich besitzen will – der aber auf solche Weise niemals die geistige Erneuerung sein kann, eine Erneuerung, um die alles ging.

Ich lebe innen, und ich sterbe innen – ich wußte es mit meinem innersten Bewußtsein –, ich kann nicht von außen nach innen leben, ich muß alles, was ich lebe, in mir gleichzeitig leben. Es gehört zusammen. Leben ist ein Ganzes, eine Einheit, die sich in mir vollzieht, indem ich lebe.

Ich wußte mit einem Male, warum Sitzen in seiner Bewegung aus der bewegungslosen Stille des Seins heraussteigt. Warum mir der Meister gesagt hatte: »Sitzen, nichts als Sitzen – und nichts daneben.«

Ein neues Element brach aus mir heraus: Ich stellte mich allem, was mich herausforderte, radikal. Ich machte eine Erfahrung, die viele Jugendliche heute als Freisein in sich erleben (Freisein wovon?), eine Erfahrung, die in sich übereinstimmt mit meiner eigenen, wenn sie radikal nicht gleichsetzt mit beziehungslos. Ich machte die Erfahrung, daß Leben nichts anderes ist als radikales Leben in einer Phase inneren Wachstums, innerer Bewußtseinserweiterung. Das machte radikales Verhalten nicht weniger widerspruchsvoll, zu Zeiten unerträglich, unverträglich. Niemand griff mich deswegen an.

Toleranz im Zen ist weder moralisch noch unmoralisch, das heißt, ohne den leisesten Zusatz von Moral. Toleranz ist Toleranz und nichts anderes daneben. In dieser inneren Struktur des Einsseins liegt die ungebrochene Kraft einer Handlung – wie die gleiche ungebrochene Kraft zu reagieren. Zen-Üben ist: die unmittelbare Kraft des Lebens in sich freigeben, sie geistesgegenwärtig erkennen. Es ist eine geistige Zucht, die nie außer Kraft tritt.

Die Frage Paul Tillichs: »Wie kann ich in der Turbulenz des Geistes still sein?« hatte mich wie in einem Blitzlicht sehen lassen, wo ich stand in diesem Augenblick. Der Koan lag nicht mehr wie ein Felsblock in mir, zufällig in mich hineingefallen – er hatte seine geistige Bedeutung in meiner Radikalität erfüllt.

Ein Prozeß des Wachsens begann, der in mir bis heute nicht zu Ende gelaufen ist. Ein harter Prozeß, der die Dunkelheiten meines Lebens ans Licht holte, sie in mein

Bewußtsein einließ. Ich fuhr dabei in Tiefen, vor denen ich mich fürchtete – ich erlebte, daß die kindliche, ursprüngliche Kraft des Lebens niemals in ihrer Energiegeladenheit sich verändert. Ich erlebte in mir Geschehnisse aus meiner Jugend, die so kraftgeladen waren, als wären sie gestern geschehen.

9
Das Gesicht, das du vor deiner Geburt hattest

Die Übungszeit im Tempel begann. Wieder war es ein Anfang. Auch im Koan fing ich von vorne an. Ich erlebte die gleiche Turbulenz in mir, die unerklärliche Angst, die nicht Angst vor etwas war, die Angst im Urzustand ist. Sie hatte Proportionen, die mich tief erschreckten. Wieder brachen Tiefen auf, die die Wurzeln meiner Existenz bloßlegten. Ich fühlte mich ausgeliefert, haltlos wie ein Blatt im Winde hin- und hergeweht.

Der Zustand innerer Erregung wuchs. Der Meister hatte gesagt: »Du wirst in diesem Koan dein ganzes Leben noch einmal leben.« So war es.

Fragen tauchten auf, die ich noch nie gefragt hatte. »Wo ist der Ort in mir, aus dem die lautlose Stimme tönt? Von wo kommt die Kraft, die die Hand durch Himmel und Erde stößt?«

»Die eine Hand, das ist das Gesicht, das du vor deiner Geburt hattest.« Diese Fragen zogen mich tiefer und tiefer in eine Dunkelheit, die ohne Gestalt war.

Ich lebte noch einmal die Zeitlosigkeit der frühen Kindheit. Im Aufwachen das Glück, einen neuen Tag zu erleben. Einen unberührten, frischen Tag.

Wieder wurde das Staunen lebendig: eine Quelle hören, Windrauschen hören, einen Vogel singen hören, Wolken am Himmel sehen, die in die Weite ziehen. Überall tut sich ein Weg auf in das unbekannte Leben, und doch ist nichts fremd, alles ist nahe und vertraut.

Das Kind kennt es und weiß doch nicht, daß es das Leben schon kennt. Ein Herz, das am Morgen nichts vom Abend weiß, das in der Spannung des Augenblicks lebt, darin aufgeht wie eine Blüte, die sich der Sonne auftut.

Unerschöpflich ist das Herz voll Freude. Woher kommt diese Freude? Kann Freude sich verbrauchen, wie Haut sich verbraucht?

Der Reichtum eines Tages, der Reichtum an Leben in den Jahreszeiten, ist immer wieder neu, unerschöpflich. Das Leben, wie es ist, ist unerschöpflich. Der Ablauf eines Tages vom Morgen bis zum Abend ist lebendig. Der Himmel am frühen Morgen, wenn die Sonne aufgeht, Licht, Sonne, Wind, Sturm, Schnee und Kälte sind Weggefährten des Kindes. Frühling, Sommer, Herbst und Winter sind Weggefährten, später auch der Sternenhimmel. Die unermeßliche Weite dieser Sternenbahnen. Das Leben zieht täglich aufs neue mit den Wolken in eine Ferne, in der es weder Anfang noch Ende gibt.

Auch der Tod gehört zum Leben, zum täglichen Leben. Das Kind weiß nicht, was Tod ist. Es gibt ihn, das genügt. Eine Tatsache, die keine Furcht auslöst. Eines Tages geht es einfach durch die offenstehende schmiedeeiserne Tür des alten, verwilderten Friedhofs am Wege, seitab von der Straße. Dort entdeckt es das Geheimnis. Es entdeckt es, ohne danach zu suchen. Es setzt sich auf einen alten Grabstein auf einem versteckten Grab unter Bäumen. Wenn es sein Butterbrot gegessen hat, sitzt es still und horcht in die Stille. Und die Stille hat Stimmen. Manchmal fangen sie an zu summen, dann wieder singen sie leise, dann steht die Zeit auch still und horcht mit, bis alles still ist, auch das Herz, und das Kind einschläft.

Das Erleben der Stille, das Horchen in die Stille blieb über lange Zeit das Geheimnis, das niemand teilte.

Unschuldig wird die Frage gestellt: Wer bin ich? Die Jahre des geistigen Aufwachens stellen sie ganz natürlich, ohne Zwiespalt, aus reiner Wißbegierde. Das Glück, denken zu können, zu erkennen, die Augenblicke, in denen ein geistiger Funke aufspringt und zündet. Die Gesetzmäßigkeit des Lebens, die Energie des Lebens, die unzerstörbar ist, der ungeheure Schöpfungsprozeß des Lebens tut sich auf, die unermeßliche Gestaltungskraft des Lebens. Und woher kommt die Energie, die Welten schafft und vergehen läßt? Darauf gibt es keine Antwort. Geburt und Tod sind die Eckpfeiler. Ehrfurcht vor dem Leben senkt sich tief in das junge Herz.

*

Ich hatte in der Zen-Halle gelernt, meine Zweifel »auf die lange Bank zu legen«. Das ist eine gute demokratische Einrichtung im Zen. Zweifel sind Zweifel, darüber argumentiert man nicht. Genausowenig wie über die Auffassung des So- oder So-Seins. Jeder kann sein Bündel auf die lange Bank legen. Er übt ausschließlich Zen. Das genügt.

Die lange Bank, auf der ich alles Überflüssige ablege, bevor ich die Zen-Halle betrete, ist wesentlich für den Zen-Übenden. Im täglichen Leben halten wir fest, was wir erleben. Wir wollen festhalten, um zu besitzen, was wir festhalten. Auch das, was uns einengt, abgrenzt, direkt Schaden zufügt, konservieren wir in uns. Das sind die Dinge, Ereignisse, Auffassungen, die uns in Vorurteilen ersticken lassen. Es sind Konfliktstoffe, die sinnlose

Konfrontationen auslösen. Wir verstehen nicht mehr, daß wir ein komplexes Leben leben – nicht aufgeteilt in Zwecke und Ziele –, daß wir uns dauernd in Zwecke und Ziele aufteilen, verzetteln, in Konflikten aufreiben.

Legen wir das alles auf die lange Bank, sind wir plötzlich ohne Konflikte, die wir lösen müssen. Wir sind eins mit uns, sind nichts anderes daneben als das, was wir sind. Wir überlassen die Dinge und auch die Ereignisse sich selber, ihrem eigenen Schwerpunkt. Die bewegen sich eines Tages aus sich selber – wie der Berg sich bewegt aus sich selber. Gedanken darüber, Gefühle darüber, Empfindungen darüber sind völlig überflüssig.

Ich übte täglich. Aber auch das Einüben des Zen muß reifen. Ich nehme die Natur als Lehrmeister. Die Pflaume am Baum hängt an dem Zweig mit einem dünnen grünen Stengel. Solange sie grün ist, hält der Stengel Sturm, Regen, plötzlichen Wolkenbrüchen stand, er reißt nicht ab. Sobald die Pflaume reif ist, fällt sie mitsamt dem Stiel ab. Der Stiel erfüllt seine Aufgabe haargenau, bis die Frucht ausgereift ist.

Das Gleichgewicht der Beziehungen in der Natur kann keine menschliche Denkkraft neu schaffen.

Das menschliche Wesen in seinem Sein ist in gleicher Weise Natur, wie die Pflaume am Baum es ist. Der junge Mensch braucht den Reifeprozeß. Wird er darum betrogen und bleibt er seelisch unreif, ist es für ihn verhängnisvoll. Eltern sollten um diese Dinge wissen. Dieses Wissen ist der Grund aller Lebenserfahrung und gehört zum Bildungsgut des Menschen. Jedes Tier der Wildnis hat es in sich und lebt es seit Anbeginn des Entstehens.

Es darf ein Selbstzweck die innere Ordnung des Seins nicht aufheben. Bleibe ich im Üben, im Einüben von Zen, im Selbstzweck stecken, egal welchem, bleibe ich in mir isoliert. Das Wunder, nicht mehr isoliert zu sein, eine Beziehung mit mir selbst zu haben, passiert nicht. Auch die Perfektion hat in sich die Gefahr des Selbstzwecks. Das Wunder ist der Zustand inneren Bewußtseins. Ich muß diesen Zustand in mir freigeben, um zu erfahren, was Zen ist, was Zen nicht ist. Das Einssein mit mir selbst ist ein Freisein zum Handeln, das nicht beschrieben werden kann. Es ist das logisch nicht auszudrückende Gefühl, dem schöpferischen Impuls folgen zu können. Er ist plötzlich in mir frei, ich handle, ohne mich rückzuversichern, ich tue es spontan. Ich werfe den Ballast des subjektiven Wenn und Aber über Bord. Ich tue das, was ich tun muß und nichts anderes daneben.

Im Zen gibt es kein Freisein von etwas, ohne daß es gleichzeitig ein Freisein zu etwas ist. Es gibt kein Vakuum in der Natur. In meiner Jugend habe ich dieses Mißverständnis teuer bezahlen müssen. Ich fürchte, jeder, der frei sein will, ohne zu wissen wozu, einfach so, als Selbstzweck, wird begreifen müssen, daß das Gesetz des Lebens kein Vakuum zuläßt.

Wenn die Erntezeit unmittelbar vor der Tür stand, ging mein Vater über die Kornfelder. Ich durfte ihn begleiten. Hier und da nahm er Ähren unsagbar sanft in seine Hand, strich über sie hin, fast andächtig, und sagte dann: »Es ist soweit, morgen schneiden wir«, oder: »Es ist noch nicht soweit, wir müssen noch warten.« Ich habe nie gewagt, ihn zu fragen, woran er das sah. Es war ein Geheimnis, so fühlte ich es.

Viele Jahre später sah ich plötzlich beim Massieren, wie der Bauchnabel einer hochschwangeren Frau sich färbte wie eine reifende Ähre. Ich dachte sofort daran, wie ich mit meinem Vater über die Kornfelder gegangen war und er genau gesehen hatte, wann die Ähren reif waren. Ruhig sagte ich zu der jungen Frau: »Bitte packen Sie Ihr Köfferchen, rufen Sie sofort die Klinik an, daß Sie kommen.« Sie erzählte mir später, sie wäre kaum in der Klinik angekommen, als die ersten Wehen einsetzten. Die Geburt war für sie ein Fest des Lebens.

Im Zen ist der Körper selbst ein Instrument. Er wird heute nur zu oft als Gegenstand genommen – eine durch und durch lebensfeindliche Auffassung. Der Rhythmus, der den Atem bewegt, ist Schwingung. Wir sind eins mit dem Rhythmus unserer Natur, die Körper, Geist, Seele, Wesen umschließt. Wir sind eins mit uns als menschliche Wesen. Innen, außen ist Rhythmus, mit dem wir übereinstimmen, wenn wir in uns offen sind.

Meditieren ist die Kunst des Versinkens. Im Meditieren löse ich die inneren Vorgänge aus dem Bereich des zufälligen Geschehens heraus und erreiche sie mit meinem innersten Bewußtsein. Nur in der tiefsten Passivität in uns, im Passivsein des Seins, erfahren wir Versinken in das Sein. Wir meditieren. Das Bewußtsein öffnet sich weit in uns.

*

Ich ging zum zweiten Sanzen und sagte meine Aufgabe auf japanisch. Als ich eine Antwort geben sollte, überfiel mich ein Zorn wie ein Taifun, und wütend sagte ich: »Nein.«

Der Meister fragte ein zweites Mal.

Ich antwortete wieder nur: »Nein.«

»Sitze aufrecht«, sagte der Meister ruhig, »sitze mit gerader Wirbelsäule. Atme in den unteren Bauch, schiebe den oberen Teil vor, damit alle deine Kraft sich im unteren Bauch sammelt, dann atme tief ein, und indem du ausatmest, sage langsam, sehr langsam deine Aufgabe: *Sekishu-onjo.* Bis du die Stimme hörst. Und wie du sie hörst, das sollst du mir zeigen.«

Ich stehe wieder am Anfang. Ist es der gleiche Anfang, oder bin ich anders angekommen in der Tiefe? Habe ich den Koan in mir auf die lange Bank geschoben, weil ich ihn nicht in mich hineinlassen wollte, ihn nicht realisieren konnte?

Ich übe weiter, renne weiter gegen Wände an. Ich werde immer bescheidener – eine Bescheidenheit, die mich dazu bringt, mit mir anders umzugehen. Ich renne nicht mehr permanent gegen Widerstände an. Sind Widerstände deshalb so großartig, weil man sich im Widerstand fühlen muß, wenn man das will, was man sein möchte? Die Eile und Vor-Eiligkeit machen mich hellhörig. Warum dieses Davonstürzen auf das Neue zu? Warum die Tausende abgebrochener Bewegungen aus Eile? Will ich mich selber beweisen, durch Eiligsein? Oder nehme ich nur das wichtig, was mich herausstellt? Ich beginne, meine Ungeduld und Eiligkeit zu sehen.

Es fällt mir schwer, den japanischen Satz »Sekishu-onjo« zu behalten. Ich möchte auf meine Weise an die Aufgabe heran. Aber das ist es ja: Ich soll atmen, so wie der Meister es vorgeschrieben hat. Geduldig das tun, was mir vorgeschrieben ist. Ohne einen Erfolg zu wollen. Womit komme ich bloß an die körperliche Stumpfheit, an den Krampf oder die Schlaffheit heran? Wo ist meine Konzentration?

Das Steineklopfen fängt von vorne an. Ich versuche,

die Aufgabe mit der versammelten Kraft der Konzentration in mich hineinzuholen, sie zu denken. Der Gedanke ist wurzellos. In mechanischen, flüchtigen Zeichen springt er mir hin und her, er dringt nicht ein in die Kraft der Konzentration, und die Konzentration dringt nicht in ihn ein, er irrlichtert weiter auf der Oberfläche. Ich stehe daneben wie ein Zuschauer. Der Gedanke hat keine Wurzeln im Bewußtsein, er wird nicht in seinem Inhalt im Augenblick des Erkennens schöpferisch erkannt. Dieser Grad meiner Unkonzentriertheit erschreckt mich mehr als alles andere zuvor. Ich sehe mich plötzlich selber in dieser Unkonzentriertheit. Ich kann noch nicht begreifen, daß ich eine äußerste Wachheit in mir haben muß, um in einer Konzentration zu sein, die nichts ist als Konzentration.

Darum geht es. Ich habe den Schlüssel in der Hand, aber ich weiß nicht, wie ich ihn ins Schloß stecken muß. Ich gerate in Schweiß. Endlich gelingt es mir, den Gedanken mitten ins Bewußtsein hineinzustellen. Da springt plötzlich eine Flutwelle in mir auf, die den Gedanken in eine Mitte stellt, die Kraft und Spannung zugleich ist. Die Mitte wächst, sendet Wellen aus wie Wasser, wenn ein Stein hineinfällt. Ich bin mitten drin in den Wellen und ihren Kreisen.

Eine Anspannung, die mich fast zerrissen hat, löst sich. Diesmal bin ich nicht Zuschauer, diesmal bin ich Handlung und Handelnder in einem.

Das dritte Sanzen. Die Klammer hat sich fester und fester um mich gelegt. Ich habe keine Antwort für den Meister. Als ich Ueda frage: »Soll ich trotzdem gehen?«, ist er dafür. Wir gehen gemeinsam.

Durch die dünnen Wände des Empfangsraumes höre

ich die Stimme des Meisters. Autorität läuft durch sie hindurch, in einem Spannungsbogen ohne Bruch. Der Mut verläßt mich vollends.

Wir knien vor dem Meister nieder. Wie immer spüre ich sein Kraftfeld, das mich einschließt. Ohne Widerstand lasse ich mich hinwegnehmen von dieser Kraft und fühle, wie sich die Schwerpunkte verlagern. Ich bin auf völlig natürliche Weise ehrfürchtig, wenn ich vor dem Zen-Meister knie. Warum – das weiß ich nicht.

Ich sage meine Aufgabe. »Was hast du gehört?« fragt der Meister. »Ich habe keine Stimme gehört.«

Mit bewundernswerter Geduld erklärt er: »Wenn du dein ganzes Leben damit zubringen würdest, diese Aufgabe zu lösen, so wäre es auch richtig. Das Sitzen muß sich in dir auswirken. Werde ein Sitzender. Und wenn du dann die Wonne des Sitzens erlebst, darfst du deine Aufgabe nicht vergessen. Sie ist für dich die Mitte des Universums.

Natürlich kannst du nicht die Stimme einer Hand hören, aber du kannst zu einer Hand werden. Dieses ist kein Ziel, dieses ist eine Erläuterung deiner Aufgabe.«

Noch einmal sage ich mit ganzer Ausatmung: »Sekishu-onjo.« »Sage nur das eine Wort«, wies er mich an, »aber sage es mit deinem ganzen Sein.«

Ich sehe den Meister an. Was macht mich gewiß in seiner Gegenwart?

Wieder fielen innere Lasten von mir ab. Wir sahen uns direkt in die Augen. Der Blick des Meisters hatte ein Durch-mich-durch-Dringen ohne Nähe, ohne Ferne. »Frage dich, warum du diese Aufgabe bekommen hast, die etwas Unmögliches von dir will. Die eine Hand, das bist du, wie du warst vor deiner Geburt. Das ist die große

Erläuterung dieses Koans.« Er fügte noch hinzu: »Das Sitzen muß reif werden, der Koan muß reif werden.« Und fragte mich, ob ich das verstehe. Ich sagte: »Ja, ich verstehe es.«

Wo sind alle intellektuellen Erklärungen und Begriffe geblieben? Was ist der Verstand alleine wert? Kann er einen Koan lösen? – Reif werden – endlich gab ich dem Sitzen die innere Zeit, die es sich selber nahm.

*

Aus den verborgenen Schächten meiner Vergangenheit tauchten jetzt Bruchstücke, Abschnitte auf, die ich nie mehr erinnert hatte. Sie hatten keinen Schimmel angesetzt. Tagelang war es wie eine Überschwemmung, die mich überflutete. Dunkle Erlebnisse, zwiespältig, böse, schuldhaft. Sie bedrängten mich wie Schulden, die nicht bezahlt sind. Sie hatten in mir herumgelegen, ohne sich zu rühren. Vergessen, vergraben wie Steine am Wege. Was ich nie in dieser Stärke erlebt hatte, war das Gegenwärtigsein von Ereignissen, Handlungen, Gesprächen. Das Schuldkonto war nicht beglichen. Dabei spielte eine besondere Rolle ein Unfall in meiner Jugend. Alles stand wieder vor mir. Es war ein zweites Leben in mir, das anonym gelebt hatte. Mir wurde angst und bange dabei.

Ist es die Kraft des Lebens, die alles festhält, um daraus das individuelle Leben zu weben, oder ist es das Ich, das festhalten, das nichts hergeben will? Frei sein heißt, alles fallenlassen zu können, unschuldig zu sein wie am ersten Lebenstag. Ein Gedanke stieg in mir auf: Realität ist spirituell.

Die Spannung, in die mich der Koan tiefer und tiefer

hineinholte, lief auch durch die Nächte weiter. Ich hatte mich schon daran gewöhnt. Plötzlich wachte ich auf und war mittendrin im Koan.

Eines Nachts wachte ich mit dem Gedanken auf: Laß den Atem ausschwingen, atme ein ohne Grenzen, atme aus ohne Grenzen. Und ich erlebte einen Augenblick, der mich fortriß ins Unbekannte. Eine mich fortreißende Kraft ergriff mich ohne mein Zutun, ohne meinen Willen. Es war ein Einbruch. Über alle Blockaden hinweg strömte der Atem hindurch. Ich verlor dabei das Bewußtsein für mich selbst, stürzte in einen Abgrund, bis ich wußte, weiter geht es nicht. Der Atem, der stoßartig ging, wurde ruhiger. Ich war wieder in mir drin. In diesen Sekunden ohne »Ich« erlebte ich in mir eine Tiefe und Weite ohne Anfang, ohne Ende.

Es war, als verfügte eine Kraft über mich, die ich nicht kannte.

Die Auseinandersetzungen mit mir selbst wurden härter, erbitterter, aggressiver. Wieder empfand ich eine kreatürliche Verlassenheit, die mich unbarmherzig auf mich selbst zurückwarf. Dieses Auf-sich-selber-zurückgeworfen-Sein ist wie ein Gralsweg zu sich selber. Trotz aller Verlassenheit ist darin eine Stille, die tiefe Ruhe ist.

Der Verstand zerbröckelte im Denken. Es gab keine Zuversicht, keinen Ausweg. Es gab keinen Halt. Ich war mittendrin, ein Spielball losgelassener Energien. Wenn mir jemand gesagt hätte, die Dämonen sind in dir los, ich hätte es geglaubt. Was an diesem Zustand der Verwirrung bemerkenswert ist, ist der tiefe Ernst. Gefühle sind Gefühle, nichts anderes, Empfindungen sind Empfindungen, nichts daneben. Gedanken sind Gedanken, ohne Für und Wider – Tatsachen, die unbarmherzig sind, unbarmherzig barmherzig. Alles ist Wirklichkeit, ohne Ausweichen. Nie zuvor hatte ich das Leben als Tatsache so ernst genommen wie in diesem Erleben und Erfahren, ohne davonlaufen zu können.

*

Das nächste Sanzen war völlig anders. Tsujimura begleitete mich. Ich war aufgeregt. Noch immer fühlte ich mich abhängig davon, ob ich eine Antwort geben konnte oder nicht. Ich hatte keine Antwort. Ich war außerstande, meine Erfahrungen auszusprechen. Das sagte ich Tsujimura. Er entgegnete kurz: »Das können Sie dem Meister sagen . . .«

Wir gingen. Ich kniete nieder und sagte meine Aufgabe: »Sekishu-onjo.« Darauf die Frage des Meisters: »Hast du die Stimme gehört?« Ich sagte plötzlich ganz ruhig: »Ich habe gehört, aber ich kann es nicht ausdrükken.« Der Meister: »Kannst du nicht sagen, wie du gehört hast?«

In diesem Augenblick war ich frei. Tsujimura half mir, indem er seine Kraft in das Spannungsfeld einschaltete, wie man Licht einschaltet. Er übertrug seine Kraft auf mich, so fühlte ich es. In einer Konzentration, die weder körperlich noch geistig war, die nur Konzentration war, sagte ich: »Sekishu-onjo.«

Es war entschieden, ich hatte nicht gezögert. Es ging alles im Nu. Tsujimura übersetzte blitzschnell die Antwort des Meisters. »Du hast große Fortschritte gemacht im Zen. Du bist jetzt auf der richtigen Bahn. Wenn du so weitermachst, wird dir Sekishu-onjo zum Himmel und zur Erde werden.«

Verbeugungen. Gehen. Ich war einfach bestürzt. So unerwartet war diese Bestätigung gekommen. Tsujimura strahlte, als wäre er selber zum Sanzen gegangen. Draußen, als wir zusammen fortgingen, sagte er: »Es kommt jetzt auf die Qualität des Tones an, die Richtung ist entschieden.« Ich sagte: »Das habe ich begriffen – es kommt auf die Spannung an.«

Doch beim nächsten Sanzen war ich wieder wie zugeschnürt, ohne Antwort. Der Meister fragte zweimal, die Antwort war Stöhnen. Er sagte: »Sitze und meditiere über Sekishu, darin erfüllt sich dein ganzes Leben.«

Später saßen wir im Zimmer des Meisters und tranken Tee. Ich hatte vor dem Sanzen dort gestanden und mir die neu aufgehängte Kalligraphie angesehen. Ich sah jetzt unmittelbarer: Schönheit ist Schönheit, ich hatte keine ästhetischen Empfindungen dabei. Ich verglich nicht mehr. Eine milchige Vase am Boden, ein Blütenzweig, eine Welt geht auf.

Der Meister sagte beim Tee liebevoll zu mir: »Wenn du übst, bin ich dabei. Ich übe mit dir.«

Das berührte mich, als wäre er die ganze Zeit schon dabeigewesen. Ich hatte mich jedesmal vor seinem Sitz verbeugt, wie ich mich vor dem Sitz des führenden Mönches in der Zen-Halle verbeugt hatte. Wir verbeugten uns, ob er anwesend war oder nicht. Geistig war er dabei.

Die geistige Kraft, die durch Konzentration in uns wirksam ist, teilt sich dem andern mit. Die Beziehung zum andern ist dann wie Licht. In den Übungszeiten war die Beziehung zu den Mönchen eine Einheit. Daß es auch außerhalb der Zen-Halle so sein konnte, erlebte ich während der Besichtigung eines berühmten Tempels in Kioto. Nach einer feierlichen Zeremonie kamen die Priester hintereinander heraus. Ich stand abseits. Plötzlich verbeugte sich einer der Priester vor mir. Ich verbeugte mich in derselben Sekunde vor ihm – es geschah ohne »Warum«.

*

Beziehungen sind wesentlich für unser Wachsen, Blühen und Gedeihen. Kinder brauchen ihre innere Zeit, um zu sich selbst zu finden. Die Beziehung zu sich selbst ist wie ein Schutzwall, den die Natur gleichzeitig mit der körperlichen Entwicklung wachsen läßt.

Die innere Gesetzmäßigkeit, instinktives Wissen von Beziehungen und Zusammenhängen in der Natur, läßt die Tiere der freien Natur ihre Jungen nach festgefügten Regeln aufziehen. Warum stellen wir Menschen uns so oft gegen unsere Natur?

Ich gehe mit mir um wie mit einem Material, aus dem ich einen Gegenstand machen will. Ich fühle mich gegenständlich. Ich habe ein bestimmtes Bild von mir.

Falsch. Ich bin kein Bild, ich bin Realität, so wie ich bin. Das, was ich sein möchte, ist Illusion. Bleibe ich mit mir in Beziehung, bleibe ich mit mir in der Realität des Lebens. Ich atme ein, ich atme aus. Ich atme das Leben ein, ich atme es aus. Wir sind eins. Ich bin in Beziehung mit mir und in unmittelbarer Beziehung mit allem, was lebt.

Zu den liebgewordenen Gewohnheiten zwischen Professor Ueda und mir gehörte es, nach dem Sanzen in ein kleines Lokal zu gehen, um die Udon-Suppe zu essen. Diese »Suppen-Gespräche« wurden mir fast unentbehrlich. Einmal fragte ich Ueda nach der »unbewegten Mitte«. »Gibt es dafür einen Ort im Körper, sitzt sie in einer bestimmten Gegend?« Die Antwort: »Einzelne Körperteile spielen im Zen nur eine untergeordnete Rolle. So wird zum Beispiel der Kopf gar nicht betont. Wenn etwas vielleicht als Ort, als Sitz wichtig ist, dann nur die Gegend um den Bauchnabel, die Bauchmitte.«

Als ich ihm ein andermal anvertraute, daß ich in letzter Zeit »Sensationen« in Wirbelsäule und Kopf gehabt hätte, riet er mir ziemlich lakonisch, die Dinge nicht überzubewerten: »Lassen Sie diese Empfindungen durch sich hindurch, halten Sie sie nicht fest. Und versuchen Sie nicht, sie zu wiederholen.«

Diese Auskunft machte mich frei von jeglichem Unbehagen. Einer der alten Zen-Meister hatte gesagt: »Nur wenn du kein Ding in deinem Geist und keinen Geist in den Dingen hast, dann bist du leer und damit geistig weit und wunderbar.«

Ich versuchte, diese Richtung einzuschlagen. In diesem Bemühen lernte ich mich kennen, wie ich es vorher nie getan hatte. Ich dachte nicht mehr bei allem an die christlichen Zehn Gebote, sondern tat, was ich tat, was ich dachte, ohne mich von Regeln beeinflussen zu lassen. Ich machte mir nichts mehr vor. Die Aggressivität meines Denkens erfuhr ich in solcher Kraßheit und Unverhülltheit, daß ich illusionslos, nackt dastand.

Das Steineklopfen ging weiter. Aber etwas daran war anders geworden. Klopfen blieb Klopfen. Steine blieben Steine. Nur ich selber, als der Klopfende, war ein anderer. Ich hatte keinen Widerstand mehr in mir, weder gegen Steine noch gegen Klopfen. Ich hatte jetzt Steine als Teil meines Lebens akzeptiert. Die Angst, mich kennenzulernen als jemand, der ich nicht sein wollte, vor dem ich mich fürchtete, fiel von mir ab. Das schlechte Gewissen fiel von mir ab. Ich klammerte mich weniger und weniger an Voraussetzungen, die den Neuanfang bestimmen sollten. Eine Ahnung kam mir, daß das Modell des Lebens in sich gleich ist, und zwar von ungeheurer Einfachheit.

*

Oft habe ich darüber nachgedacht, warum im Zen eine einzige Haltung geübt wird: Sitzen. Sitzen, nichts als Sitzen, so lautete die Anweisung des Meisters. Wie ich das machen sollte, war mir lange unklar geblieben. »Wenn du sitzt«, erklärte er, »dann sitze.« Und lakonisch fügte er hinzu: »Und nichts anderes daneben.«

Ich saß und saß. Allmählich gewöhnte sich mein Körper an diese Haltung. Er gab seine Widerstände in den Gelenken auf, Schmerzen lösten sich auf. Dennoch begriff ich nicht, warum ich nur in dieser Haltung üben sollte. Ich prägte mir die Anweisungen ein: senkrecht den Oberkörper entspannt auf den Stamm des Körpers im unteren Bauch ruhen lassen. Das spürte ich schon: Die versammelte Kraft des Körpers vereint sich im Schwerpunkt im unteren Bauch. Der Schwerpunkt füllt sich im Kern mit Kraft. Der Körper ist bewegungslos und still.

Ich tat genau, was man mir sagte. Aber ich tat es ohne Beziehung zu mir selbst. Mir war nicht bewußt, wieviel Gedanken ich mir machte über das, was ich tat. Noch merkte ich, wie wenig ich von dem, was ich dachte, realisierte.

Körper und Geist waren zwei Dimensionen, ich konnte sie nicht in einer Bewegung eins werden lassen.

Nur langsam vergaß ich, auf mich aufzupassen. Ich

horchte auf das, was in mir vorging. Manchmal war ich versunken im Zuhören. »Sitzen« bedeutet in Japan: die rechte Art zu sitzen, genauer gesagt: im Zustand des Sitzens sein.

Wir sollen lernen, in das Sein hineinzuhören. Darin erfahren wir, was Zustand ist. Daß wir im Sein geöffnet sind und im selben Zustand völlig passiv sind.

Ich öffne gleichzeitig mein Bewußtsein weit, ich bin wach und konzentriert auf das, was sich in mir bewegt.

Es ist ein Bewußtwerden der eigenen Gedanken, Gefühle, Empfindungen. Sie kommen und gehen, ohne Zweck, ohne Erklärung. Die Ereignisse in mir ziehen wie Bilder in einem Spiegel an mir vorbei. Der Geist ist außerordentlich klar und geistesgegenwärtig. Dieser Augenblick eint Wachsein und Bewußtsein in einem einzigen Punkt, dem Punkt des Erkennens. Es ist ein Bewußtseinszustand, in dem Wissen, der Wissende und das Gewußte eins sind.

Das »Sitzen« reif werden lassen, den Koan reif werden lassen – ich horchte auf die innere Zeit in mir.

Ich diszipliniere mich im Zen, um nicht in den Trott des Alltags zu geraten. Ich fürchte mich vor der Einbahnstraße des Lebens, an der keine Blumen mehr gedeihen. Sind wir nicht alle in unserer modernen Welt hungrig nach »live«, nach »action«? Wir werden der technischen Apparate müde, die uns Hoffnungen, Liebe, Gefühl – auf den Bildschirm projiziert – ersetzen sollen. Gestehen wir uns ein: Wir wollen selbst fühlen, denken, bewegt sein, leben. Es soll dich und mich betreffen. Doch, wer hat schon Mut, wirklich mit sich zu leben?

Die Konzentration im Zen weckt uns auf. Aber wir müssen den Weg zurück gehen in unser Sein, in die Passivität unseres Seins. Wie tröstlich: Zen stellt niemals in Frage, daß ich aus eigenen Kräften existiere. Zurück in den Ursprung ist zurück in die Kraft des Lebens.

Alle Disziplinen im Zen fußen auf der Konzentration. Erkennen ist der Augenblick, in dem Wachsein und Bewußtsein eins sind. Und in diesem Augenblick erkenne ich, was ist.

Zu den wichtigsten Übungen gehört das Einschwingen und das Ausschwingen des Atems in die Bewegungen in uns. Wir ziehen uns nicht zusammen, um etwas zu tun, sondern öffnen uns. In diesem Öffnen lassen wir die Luft einströmen, wir ziehen sie nicht willkürlich ein.

Ein- und Ausatmen gehen vor sich wie Ebbe und Flut, in Wellengängen. Die innere Beziehung bricht nie ab. Wir schwingen in einem Spannungsbogen von Aktivität und Passivität. Daß wir leben, müssen wir erfahren und nicht nur wissen. Je direkter wir in Beziehung mit uns sind, desto intensiver leben wir.

Ein neuer Zustand wurde mir bewußt: Reagieren. Bisher hatte ich mich damit kaum beschäftigt, denn Tun stand für mich immer im Vordergrund. Im Zen stehen Handeln und Reagieren in derselben Sekunde und machen so die vollkommene Handlung aus.

Wenn wir das begreifen, begreifen wir auch die Schnelligkeit, in der Zen-Übende sich bewegen. Wenn ich einatme, atme ich gleichzeitig aus. Denn beide Ströme laufen nebeneinander in der Handlung, sind Aktivität und Passivität.

Wenn wir uns darauf konzentrieren, etwas genau zu sehen, versammeln wir die Kraft des Sehens in dem Brennpunkt der Augen. Aus diesem Brennpunkt heraus trifft der Fußballer den Ball genauso wie der Golfer und der Tennisspieler. Und nur aus diesem Brennpunkt in sich trifft er die Mitte des Balls.

Sehen, genau wie Hören, wird um vieles besser, energiegeladener, wenn ich mich konzentriere. Gleichzeitig werden Sehen und Hören differenzierter, bewußter. Augen- und Ohrenschäden können durch Konzentration behoben oder verbessert werden.

In der Zen-Halle konzentriert sich der Übende streng auf einen Punkt vor sich, der etwa einen Meter vor ihm auf dem Boden ist. Das ist anstrengend. Mit der Zeit entspannen sich die Augen und ordnen sich ein in den Entspannungszustand des ganzen Körpers.

Der Augenblick ist das Medium unserer Zeit. Er umschließt die Dynamik unserer Zeit. Aktives Zupacken und passives Erfahren des Augenblicks ist die Summe der Zen-Konzentration. Der unmittelbare Ausdruck ist einfach. So einfach, wie er ursprünglich in der Tiefe des Wesens gedacht ist.

Wenn ich den Brennpunkt des Augenblicks mit dem Brennpunkt der Aktion in Übereinstimmung bringe, lebe ich ein volles Leben. Es gibt um mich keinen luftleeren Raum. Das Leben ist offene Weite.

Lasse ich die Atmung voller Kraft aus mir hinaus- und hereinschwingen, durch mich durch, immer wieder im Kreislauf des Lebens mit mir im Kreis schwingend, um wieder in den Schwerpunkt zurückzukehren und neu anzufangen, erfahre ich die Verdichtung der Energie nach innen, die expansive Erweiterung nach außen in die Peripherie.

Wenn wir eines Tages zulassen, daß das innere Bewußtsein und der Atem ineinanderfließen in einer Bewegung, die durch den ganzen Körper geht, sind wir konzentriert auf den Ursprung. Dann haben wir unsere innere Ordnung. Wenn wir in Ordnung sind (von Natur her), gibt es nichts Besseres daneben.

Leib, Seele, Geist sind nach buddhistischer Auffassung keine festgefügte Einheit in einer festen Substanz. Sie werden als Erscheinungen von Wirkkräften aufgefaßt, die in einem steten Wechsel begriffen sind. In einer Wandlung, die sich von Augenblick zu Augenblick vollzieht. Die Gegenüberstellungen Materie/Geist und Materialismus/Idealismus sind dem Buddhismus nicht bekannt. Deshalb wird auch die Frage nicht gestellt, ob die Materie den Geist oder der Geist die Materie bestimmt. Denn wie für den Materialismus die Materie, so bleibt auch für den Idealismus der Geist als etwas Unumgängliches bestehen.

»Für den Buddhismus gibt es nirgends etwas Festes und Beständiges, das als Materie oder Geist zu bezeichnen wäre. Materie ist Geist im Sinne von Kraft. Materie und Geist sind kausalbedingte Erscheinungsformen derselben Kraft, sie sind aus der gleichen Wurzel. Wenn die Materie den Geist bestimmt, so bestimmt umgekehrt der Geist die Materie, denn bestimmen heißt auch immer gleichzeitig bestimmt werden« (Professor Takiochi, Kioto-Universität).

Ein Hauch davon, was Sichversenken bedeutet, sich in seinen Ursprung versetzen, rührte mich an. Ist die Versenkung in sich selber nicht gleich der Stille des Sternenhimmels? Beide greifen ins Unendliche.

10
Die eine Hand stößt durch den Himmel und die Erde

Wir gingen zum letzten Sanzen vor den Ferien. In diesem Sanzen geschah etwas, was mich in eine tiefe Depression stürzte. Als ich gefragt wurde: »Wie hast du die Stimme gehört?«, lehnte ich mich gegen mich selber, gegen den Zen, gegen den Zen-Meister auf. Ich schlug beide Hände zusammen – wie ein Amokläufer stürzte ich weg von mir selber, erschlug mich selbst in dem willkürlichen Zusammenschlagen der Hände, erschlug auch den Zen-Meister (nicht den Meister vor mir).

In diesem Augenblick verleugnete ich die geistige Kraft des Zazen. Ich hatte die spirituelle Beziehung zum Zazen in mir zerrissen. Zazen war eine Leistung wie jede andere alltägliche Leistung. Der Meister fragte ganz ruhig: »Die eine Hand, was hast du gehört in der einen Hand?«

Ich hätte antworten müssen, mein Unglück herausschreien, reagieren müssen auf die Frage des Meisters in ihrer Beziehung zu mir – noch war die Spannung nicht zu Ende gelaufen –, ich tat es nicht. Warum tat ich es nicht? Das »Ich« in mir hatte gesiegt. Der entscheidende Augenblick hatte sich nicht im Zen vollzogen.

Zwischen dem Meister und mir war Leere, nichts als Leere. Auch ich war leer. Es gab nur den Sündenfall in mir. Der Meister sagte noch: »Die eine Hand, wenn du die eine Hand bist, stößt du durch den Himmel und durch die Erde.« Wieder gab er mir einen Schlag.

Es begann eine lange Wegstrecke ohne Sanzen. Die Hitze des Sommers brach mit ungewöhnlicher Stärke herein. Ich kam fast täglich in den Tempel zum Üben.

Einem inneren Bedürfnis folgend, ließ ich den Koan ruhen. Morimoto-Roshi hatte einmal gesagt: »Wenn sich der Koan nicht mehr rührt, sollte man zum Atmen zurückkehren.« Das tat ich jetzt. Ich hatte inzwischen ein neues Bewußtsein entwickelt für einen Atem, der leibhaftig, konkret ein- und ausgeatmet wird.

Tai-toku (das »Greifen mit dem Körper«) war mein Führer. Der Leib greift die Luft, die Luft greift umgekehrt den Leib, endlich erfuhr ich, daß nicht mein Wille über den Atem verfügt, daß Leib, Geist und Seele atmen. Ich lieferte mich der Bewegung des Atems aus, wie ich mich der Bewegung des Bewußtseins auslieferte. Dabei entdeckte ich in der Funktion der Atmung die Grenzenlosigkeit in der Schwingung des Atems, eine Schwingung, die das Endliche zurückfließen läßt ins Unendliche. Der Meister hatte gesagt: »Atme in den Kosmos hinaus.«

Japaner richten ihre ganze Konzentrationskraft auf die Bewegung des Schwerpunktes, eines subjektiven Punktes unterhalb des Bauchnabels. Im Schwerpunkt balanciert sich jede Bewegung aus, auch geistige, seelische. Um die Kraft in den unteren Bauch zu holen, lassen wir die Aktivitäten des Kopfes, des Brustkorbs, der Organe frei. Freigeben heißt gleichzeitig ein totales Sich-selbst-Freigeben. Das ist nicht ohne weiteres zu verstehen und auszuführen, denn wir haben verlernt, natürlich passiv zu sein. Wir müssen immer neu versuchen, daß sich alle Kräfte in der Konzentration im Schwerpunkt sammeln. Es geht besser, wenn wir uns diese Bewegung real vorstellen. Unsere geistige Verfassung und unser seelischer Zustand hängen eng mit unserer Bauchmuskulatur zusammen, genauer gesagt: mit der Spannung im unteren Bauch. Beherrschen wir die Spannung dieser Muskulatur, beherrschen wir die Muskulatur des ganzen Körpers. Atme ich ein, dann atme ich tief nach innen ein, in den offenen Schwerpunkt, der in der Tiefe des Bauches auspendelt. Atme ich aus, fülle ich gleichzeitig den Schwerpunkt mit neuer Kraft.

Der Seismograph für das innere Gleichgewicht ist der Schwerpunkt. Ist er kraftlos, hat der Körper sein Geordnetsein verloren, er ist »ohne Halt«. Die Disziplin des Zen lehrt uns, Schritt für Schritt zurück in unsere Natur zu gehen. Wir lernen, eins zu werden mit der Natur.

Auch der Atem wird in seiner Dynamik in das innere Gleichgewicht geholt und ist dort ebenso verankert wie im innersten Bewußtsein. Normalerweise hat unser gegenständliches Denken die inneren Schwingungen des Lebens in uns beiseite geschoben. Wir beziehen uns nicht mehr auf uns, auf die innere Schwingung in uns, wir sind uns selbst statisch im Bewußtsein von uns selbst geworden.

Sind wir im Schwerpunkt, so sind wir »geerdet«. Wir überlassen uns der Anziehungskraft der Erde, ohne uns dabei an uns selbst festzuhalten. Das allein ist eine Zen-Übung, die uns Vertrauen zum Leben bringt. Wenn ich in diesem Vertrauen bin, in allem, was ich tue und auch nicht tue, brauche ich keinen anderen Halt. Ich wurzele in meiner eigenen Kraft, die mich ernährt. Unsere innere Zeit führt uns, nicht die Zeit des Uhrzeigers. Lernen wir, auf unsere innere Zeit zu horchen.

Wir sollten versuchen, Kinder in ihrer inneren Zeit zu lassen, denn dadurch bekommen sie die Kraft, gesund in ihre Zeit hineinzuwachsen. Vielfach glauben moderne Eltern, sie könnten ihre Kinder durch ein möglichst frühes Hereinholen in das Leben der Erwachsenen reif machen für dieses Leben. Dadurch erreicht man gewöhnlich nur, daß das Kind die Eindrücke nicht verarbeiten kann und – schon altmodisch ausgedrückt – Schaden an seiner Seele nimmt.

Die moderne Zeitkrankheit »Nervosität« ist Ausdruck des fehlenden Gleichgewichts. Wir sind immer in Eile, ohne Beziehung zu uns selbst. Wir haben die Beziehung zu unserer eigenen Zeit verloren, zu unserem Gleichgewicht.

Kinder nehmen unmittelbar ihre Umgebung wahr. In dieser Wahrnehmung entwickeln sie ihre Konzentrationskraft. Konzentrationsfähigkeit ist heute eine lebenswichtige Fähigkeit. Konzentration aber kann kein Dauerzustand sein und muß immer von neuem erarbeitet werden.

»Nur wenn du kein Ding in deinem Geist und keinen Geist in den Dingen hast, bist du leer und geistig wunderbar.«

Bei meinem ersten Aufenthalt in Japan, Ueda-san und ich wohnten damals nebeneinander, hatte mir Ueda eine einprägsame Lektion fürs Sitzen gegeben. Das kam so: Ich saß zu Hause in meinem Zimmer und war gerade dabei, mich »der Wonne des Sitzens« hinzugeben, als die Tür zurückgeschoben wurde und Maniko, Uedas junge Frau, lachend hereinkam. Sie war dabei, mir etwas Fröhliches zu berichten, als sie meinen Gesichtsausdruck begriff. Ich war aufgeschreckt aus Tiefen und fühlte mich gestört, mehr noch, betrogen um meine Arbeit.

Ueda-san schrieb mir daraufhin diesen Zettel: »Als Manikos Mann muß ich mich bei Ihnen entschuldigen,

Groening-san, aber als Ihr Mitübender des Zen muß ich Ihnen folgendes sagen: Zen-Sitzen ist keineswegs sitzend sich verschließen gegenüber jeder äußeren Störung. Ein solches Sitzen nennt man im Zen statisches Sitzen oder sitzendes Sitzen. Sitzen ist kein Unterscheiden von außen und innen, sondern umgekehrt ein reales Verschwinden dieses Unterschieds. Sitzen in der Offenheit innen, wo es weder außen noch innen gibt. In dieser Offenheit geschieht sowohl Ihr Stillsitzen wie das lärmende Hereinkommen des andern. Beides ist unschuldig.

Ein anderer kommt zu Ihnen, während Sie still in sich sitzen. Sie dürfen nur aufstehen, ihn aufnehmen, mit ihm sprechen, als gäbe es keine Spur des Sitzens. Ohne im Sitzen verschlossen zu sein und zugleich doch ohne aufzuhören im Sitzen. Alles geschieht im Sitzen, ohne im Sitzen verschlossen zu sein. Oder kann man sagen: Das Sitzen selbst setzt sich in Bewegung?

Wenn dieser andere sie verläßt, setzen Sie sich wieder. Diesmal mit keiner Spur der Bewegtheit, als ob nichts dazwischen geschehen wäre. Ja, es geschieht wirklich nichts dazwischen. Dieses bewegliche Sitzen, sitzende Bewegung, das ist das Zen-Sitzen. Darin sitzen, sitzen!«

Vom Zen aus gesehen ist Sitzen lediglich die richtige Art zu sitzen. Im vollen Gleichgewicht aller Funktionen, geistig, körperlich, seelisch. Der Zustand Sitzen ist Sitzen, nichts als Sitzen und nichts daneben.

Wie schwierig war es, das Einfache zu tun, und doch geschieht es in Japan heute noch ganz unauffällig. Ich erinnerte mich, daß ich es selber erlebt hatte. Auf meinen Streifzügen durch die Stadt, durch die Antiquitätenläden, kam ich in einer der großen Einkaufsstraßen der Innenstadt in ein Geschäft, das mich durch seine Auslagen angezogen hatte. Der Besitzer saß am anderen Ende des Verkaufsraumes auf einem Podest, still, mit gekreuzten Beinen. Er erhob sich nicht, wartete ruhig ab, was ich wünschte. Er gab mir freundlich Auskunft. Ich kam fast jedesmal, wenn ich in der Stadt war, zu ihm.

Eines Tages kam ich zu ihm herein, als er völlig versunken dasaß. Die Augen geschlossen, ich wurde befangen. Es war das gleiche Bild, das wir in der Zen-Halle einem Eintretenden geboten hätten. Versenkung! Leise wollte ich wieder gehen, da öffnete er die Augen. Er sah mich unbewegt an, still, ohne zu sehen, aus einer Bewußtheit, die wir »Seele« nennen. Kleine Kinder können uns so ansehen. Seitdem verband uns etwas nicht Aussprechbares. Wir hatten eine Beziehung zueinander auf gleicher Ebene. Durch diese Beziehung, die da war wie Sonnenschein, wurde mir das Leben in Japan beglückend in seiner Lebendigkeit – auf immer wieder neue Weise.

*

Ein Mönch hatte Ueda eine Zeitschrift geliehen, die das erste Zen-Institut in New York für seine Zen-Teilnehmer veröffentlicht hatte. Er lieh mir die Blätter, die in Englisch herausgegeben waren, weil er wußte, daß ich mich dafür interessierte.

Ich las mit innerem Verstehen, daß Sasaki-Roshi, der erste japanische Zen-Meister in New York, seine amerikanischen Schüler im Sommer ans Meer schickt. Vom Morgen bis zum Abend. Sie sollten das Meer rauschen hören, sich selber zuhören im Hören, alles Denken, Fühlen beiseite legen, nur hören. Im Hören ihr Bewußtsein öffnen, es aus der rationalen Begrenztheit herausholen in die Offenheit des Hörens. Bis sie Wind, Licht, Sonne, Wasser als eine einzige Melodie des Lebens im Hören erlebten, bis sie diese Melodie in ihrem eigenen Blut rauschen hörten, sie selber eins wurden mit der Natur. Im Hören, das nicht zugeschlossen blieb, wurden sie mit sich selber eins, wie sie es noch nie erlebt hatten. Die Offenheit des Lebens auf diese Weise erkennen, weg von allen gedachten Erfahrungen.

Als Kind hatte ich dem Wind zugehört, wenn er die hohen Bäume um das Haus zum Singen brachte, im Sturm schüttelte, mit ihnen flüsterte, mich in den Schlaf wiegte. In der Nacht kamen die Stimmen der Käuzchen dazu, geheimnisvoll. War das Zen gewesen?

Die Wochen gingen ins Land. Der Sommer neigte sich seinem Ende zu. Die unausgesetzte Konzentration auf den Koan, die Anspannung der Sinne, ihn mir leibhaftig einzuverleiben, der Kampf, den Koan voll und ganz ins Bewußtsein zu holen, lockerte sich von einem Tag zum anderen.

Ich hatte mich oft gefragt, zornig und enttäuscht: Was wird, wenn ich nicht mehr durchhalten kann? Ist dann alles umsonst gewesen?

Ich war bis in den inneren Kern erschöpft. Ich konnte nicht mehr tiefer eindringen, es war mir gleichgültig geworden, ob ich versagte oder nicht, ob ich durchhielt.

Und dann kam es ganz anders. Ich kann es mit Worten nicht erklären, aber es war eine vollkommene Drehung. Der Koan stand nicht mehr vor mir wie ein Berg, den ich nie ersteigen würde, der Koan war in mir, als hätte ich ihn aufgegessen und wäre nun dabei, ihn wiederzukäuen. Er war Teil meines Selbst. Ich selber war zur Aufgabe geworden.

Wieder ergriff mich eine Wachheit und geistige Erregung. Ich fühlte mich von oben bis unten aufgerissen, es gab keine Jahresringe, es gab keine Wachstumsringe, es war, als wäre der Wachstumsprozeß eines Lebens ohne jede Bedeutung. Ich war wie neu geboren.

Und dennoch hatte ich den Koan nicht gelöst. Er hatte sich in mir aufgelöst. Er gehörte zu mir, würde weiter zu mir gehören, gleichgültig, ob ich ihn lösen würde oder nicht. Aber ich wußte, er würde wie ein Pfahl in meinem Fleische sein, er würde mich immer wieder herausfordern – zu einer Aktivität des Lebens, die wir »Wachsen« nennen.

*

Die Disziplin des Zen ist Konzentration. Wie diese Konzentration geübt wird, unterscheidet sich von allen im Westen geübten Disziplinen. Sie wird nicht vom Verstand begrenzt, eingeengt, sie verläuft nicht in Grenzen, die der Intellekt der Intelligenz auferlegt. Zen ist: im Ursprung sein und sich darin zeigen.

Die Konzentration des Zen holt mich unmittelbar in den Brennpunkt meines Lebens in diesem Augenblick. Ich schaffe damit die Voraussetzung, das Leben so zu leben, wie es ist.

Schon vor Jahrtausenden übten sich Menschen in dieser geistigen Zucht. Der Patriarch des Zen, Bodhidharma, brachte die Lehre im 6. Jahrhundert von Indien nach China. Der Kaiser empfing ihn und fragte: »Was ist Zen?« »Offene Weite, nichts von heilig«, antwortete Bodhidharma. Und daran hat sich nichts geändert. Damals wie heute ist Leben offene Weite, nichts Heiliges.

Zen ist eine sehr wirkliche Sache. Sie gibt ein neues Lebensgefühl. Sie befreit von Unruhe und Depression. Und je unruhiger und hektischer der Alltag wird, um so größer wird das Interesse an dieser Art, sich selbst zu festigen und zu finden. Inzwischen gibt es auch in Deutschland einen großen Kreis von Menschen, die sich um geistige Erneuerung durch Konzentration im Zen kümmern.

Heute ist der philosophische, religiöse Hintergrund kein Hindernis mehr. Diese fernöstlichen Wurzeln, die dem westlichen Verstand am wenigsten zugänglich sind, stehen nicht mehr im Vordergrund. Der innere Erfolg, die innere Überlegenheit in der Turbulenz des Tages sind jedem sicher, der sich ernsthaft um die Konzentration im Zen bemüht.

Wir lernen, mit unseren Energien umzugehen. Wir sehen dadurch, daß wir in uns schöpferisch sind. Es genügt nicht, zu wissen, daß wir in Impulsen, im Handeln und Reagieren energiegeladen sind, wir müssen eins werden mit unserem Ursprung, um an die Quelle der Energie zu kommen. Diese Erfahrung ist die Wegscheide zwischen unbewußtem und bewußtem Leben.

Je direkter wir diese Erfahrung machen, je unmittelbarer wir mit uns in Beziehung sind, desto intensiver leben wir. Und unser Bewußtsein öffnet sich dem Leben.

Diese Erfahrung muß jeder für sich selbst machen.

Wir wissen kaum noch, was es heißt, an etwas beteiligt zu sein. Wir sehnen uns danach und fühlen erschreckt, wie unbeteiligt wir sind. Eine innere Leere tut sich auf, mit der wir nicht mehr fertig werden. Wirklich zu leben ist so kompliziert und anspruchsvoll geworden. Wir wissen nicht, wie man es machen soll.

Ebensowenig sind wir bereit, Dinge geschehen zu lassen. Wir haben verlernt zu akzeptieren, daß das ein innerer Prozeß ist, der einfacher ausgedrückt »Wachsen« heißt.

Tiere haben es da leichter. Eine Katze liegt auf dem Boden. Sie liegt und hat keinen Widerstand gegen das Liegen. Ihr Körper hat sich sofort umgestellt auf den Zustand »Liegen«. Im ganzen Sein, was immer das auch ist. Dennoch ist sie hellwach und nimmt wahr, was geschieht. Die Katze hat keine Mühe, von einem Zustand in den anderen zu wechseln. Sie liegt total entspannt, hört ein Geräusch, spannt sich, springt auf und ist total in jeder Bewegung. Lebendigsein ist fließendes Geschehen. Wenn wir nicht mitfließen, halten wir uns fest an dem, was schon vorbei ist. Damit sind wir nicht mehr beteiligt an dem, was ist.

*

Es blieb dabei: Ich lernte Japan nicht kennen, wie ein Fremder es kennenlernt. Ich lernte es kennen, wie ein Japaner sein Land kennenlernt: aus dem täglichen Leben heraus, in Ausschnitten, im Herzschlag des Tages, in der Arbeit, beim Essen, improvisiert. Ich verleibte es mir ein, mit den Sinnen, fühlend und mich einfühlend. Es erstaunte mich immer von neuem, wie nahe ich mit Menschen und dem Leben auf diese Weise in Beziehung kam, mittendrin war, ohne die Sprache zu sprechen, ohne die Schrift lesen zu können. Etwas war dabei ganz neu: Jede Verbindung wurde vom Menschlichen aus aufgenommen, und im Menschlichen gibt es eine Sprache, die gemeinsam gesprochen wird.

Die intellektuelle, stets wache Bereitschaft, zu werten,

aufzuwerten, abzuwerten, zu messen, zu zählen, zu vergleichen, verlor ihren Sinn. In dieser Sprache gab es keine Verständigung. Hier galt nur: zu sehen, zu hören, zu empfinden. Kritiklos, hingegeben an das, was ist. Wie hatte Morimoto-Roshi gesagt: »Das Wesentliche in einer Begegnung geschieht vor dem Wort.« So erlebte ich es jetzt täglich.

Im Anfang hatte ich versucht, die Sprache zu lernen. Aber es blieb eigentlich nur beim Klang. Den Klang in den Ohren, entwickelte ich eine Fähigkeit zu hören, ohne zu hören, verbal zu verstehen, ohne zu verstehen. Auch hierbei versagten die Mechanismen des Ich. Ein Lächeln war ein Lächeln, nichts daneben. Eine Geste war eine Geste, nichts daneben. Das führte mich viel tiefer und direkter in das Leben hinein als jede sprachliche Verständigung. Vor allem lernte ich dabei, daß der andere seine Zeit braucht, um sich auszudrücken. In diesem Zeit-Lassen geschah etwas Besonderes, Unerwartetes. Der andere trat aus seiner Anonymität heraus, jeder erkannte den andern als einen Menschen, aus einer beiläufigen Höflichkeit war ein Ereignis geworden. Ein Spannungsfeld hatte sich aufgetan, eine menschliche Beziehung war aufgesprungen wie ein Funke. Manchmal gingen davon Signale aus, die direkt ins Herz trafen.

So bleibt für immer die Hand eines blinden Mädchens in meiner Hand. Es war bei einem Tagesausflug mit der Blindenschule in Kioto, in der ich zeitweise arbeitete. Jeder Sehende nahm einen Blinden für den ganzen Tag an die Hand, umsorgte ihn, gab ihm das Gefühl der Sicherheit und vor allem das Gefühl der Kommunikation. Mich hatte ein junges Mädchen gefragt, ob ich es führen würde. Ich sagte ja. Wir machten einen Tagesausflug nach Uji. Den ganzen Tag fühlte ich die Kinderhand in meiner Hand, offen, arglos, rückhaltlos vertrauend. Eine Kinderhand, die mich unsagbar rührte, die mit mir ohne Worte ein Gespräch führte. Und doch war diese Hand mehr als eine Kinderhand in ihrem Stillsein. Sie verblieb in ihrer Stille, ergeben in ein Los, das der Sehende nicht nachvollziehen kann.

Dieser Tag war für mich einer der bedeutendsten Tage in Japan.

Als ich am nächsten Tag in die Klasse kam, wurde mir gleich berichtet: Das blinde Mädchen hat gefragt: »Wie sieht Groening-san aus, ist sie nicht wunderschön?« Ich wäre am liebsten in Tränen ausgebrochen, so traf mich dieser Satz.

*

Der Sommer ging seinem Ende entgegen, als mich Toshiko Nishitani überraschend einlud, sie auf ihrer Ferienreise zu ihren Verwandten zu begleiten. Ich nahm die Einladung mit großer Freude an. Wir fuhren an die See, wo die Verwandten eines der schönen, altjapanischen Hotels besitzen. Heute sind diese in alter Tradition geführten *Ryokans* in Japan berühmt. Ausländer können dort nur Gäste sein, wenn sie eingeführt werden.

Wir wurden am Bahnhof abgeholt. Toshikos fast gleichaltrige Kusine, die Tochter des Hauses, machte den Empfang im Hotel zu einem Freudenfest. Das ganze Haus war versammelt. Wie einst im alten Japan wurden wir mit tiefen Verbeugungen begrüßt, die sich immer wiederholten, dem Gast das Gefühl gaben, hoch willkommen und geehrt zu sein. Wir erwiderten die Verbeugungen mit der gleichen, inneren Haltung, dem andern zugewandt zu sein. Ein Ritual, das in keiner Weise abgenutzt war. In diesem Hause gehörte Tradition noch zum Leben. Sie hatte in Lebensgewohnheiten, im Lebensstil ihren Sinn behalten. Hier gaben Formen Sicherheit, Übergriffe (im Gleichgewicht der Kräfte) werden vermieden, der andere kennt genau die Grenze. Ich war überrascht, daß ein moderner Mensch sich darin wohlfühlen kann.

Die Distanz, mit der ich als Ausländer behandelt wurde, empfand ich keineswegs als Ablehnung des Fremden. Ich wurde in meinem Fremdsein nicht allein gelassen, als Gast aus der Ferne wurde ich mit besonderer Höflichkeit ausgezeichnet, mit besonderem Feingefühl in das eigene Leben hineingeholt. Diese Haltung war erstaunlich wohltuend in ihrer Ausgewogenheit. Eine Beziehung, leicht wie eine Feder, verband sofort Gastgeber und Gast, diese Beziehung verwandelte sich in ein dünnes elastisches Stahlband, als die Ereignisse es verlangten.

So waren die ersten Tage fröhliche, unbeschwerte Ferientage, heiter, sogar ausgelassen. Toshiko und ihre Kusine machten Pläne über Pläne, mir die Landschaft in ihrer Kultur, ihrer Geschichte nahezubringen, mich mit ihren Menschen vertraut zu machen. Die ausführlichen Gespräche waren Wegweiser, die mich tiefer hineinführten in den Charakter der ländlichen Umwelt, als es Bücher je vermocht hätten. Sie machten mir etwas durchsichtig, was schwer greifbar ist: das Nichtumrissene im Wesen des Japaners, das für den Europäer Ungreifbare seines Lebensgefühls. Unmerklich wurde ich in das hineingeholt, was mir im japanischen Alltag das Leben so lebendig sein ließ, in Empfindungskräfte, die die Luft zum

Vibrieren brachten, die jede kleine, unscheinbare Begebenheit mit Leben füllten. Empfindungen, Freude, Sinnenfreude, Lebensfreude schwangen durch die Luft, und das Leben hatte Vorfahrt.

Es ist ein Irrtum, zu glauben, daß nur derjenige, der im strengen Sinn Zen in einer Zen-Halle übt, Zen lebt. Das Bewußtsein des Japaners ist durchdrungen von Zen, in seiner Kultur, in seinen Traditionen, in seiner Lebenshaltung.

Die beiden Mädchen liebten ihr Land auf eine so natürliche Weise, daß ihre Schilderungen zu Melodien wurden, Melodien des Lebens in Japan, wo die Melodie der Natur aufklingt, wenn man mit ihr eins geworden ist. Zen hat das Bewußtsein geöffnet für das unmittelbare Einssein mit der eigenen Natur, wie es das Bewußtsein geöffnet hat für das Einssein in aller Natur. Zen hat durch Jahrhunderte das Wesen des japanischen Volkes in der Erweiterung seines Bewußtseins geprägt. Es hat das Bewußtsein des einzelnen in die Tiefe seiner eigenen Natur geführt. In eine Tiefe, die weit über die Grenzen einer intellektuellen, rationalen Erweiterung des Bewußtseins durch Wissenschaft und Technik hinausgeht. Die Disziplinen des Zen, bis zum heutigen Tage lebendig, sind Wegweiser in die eigene Natur, sind Bildungswege in das eigene Bewußtsein. Sie stellen durch geistige Zucht immer wieder ein Gleichgewicht aller Kräfte her, das wir »Harmonie« nennen.

Wir begannen unsere Entdeckungsreisen damit, ein Heimatmuseum in der Nähe zu besichtigen. Wir standen vor einem sehr alten Bauernhaus, das sich in die Ortschaft einfügte wie ein Baum und Strauch, das sich in seinen Proportionen in die Landschaft einordnete, als wäre es aus dem Boden gewachsen. Sind Bauernhäuser in der ganzen Welt aus derselben Wurzel gewachsen? Aus dem Einssein des Menschen mit seinem Lebensraum in der Natur? Wirken auch die Kräfte der Natur, ihr Rhythmus, das innere Gleichgewicht der wechselnden Gegebenheiten, Notwendigkeiten hinein in die Gestaltungskraft des menschlichen Geistes? Ist die Gestaltungskraft des Menschen im Ursprung dieselbe wie die der Natur? Ist der Funke des menschlichen Geistes in der ganzen Welt der gleiche Funke?

Wir zogen uns weiße Socken an, bevor wir eintraten in den Museumsraum zu ebener Erde. Mir war es zu warm in den Socken, der Tag war noch sommerlich heiß. Am liebsten hätte ich sie gleich wieder ausgezogen, aber das wäre lächerlich gewesen.

Als wir die Tür zurückschoben, standen wir sprachlos in einem wunderschönen großen Raum, in dem die bäuerlichen Gegenstände verteilt aufgestellt waren. Was uns aber noch stärker beeindruckte, war der Fußboden. Lange, fast schwarze Bohlen, die wie Ebenholz glänzten, bildeten den Fußboden. Jede der Bohlen war aus einem einzigen Baumstamm herausgeschnitten, eine Kostbarkeit und auch eine Seltenheit in dem an Hölzern nicht gerade armen Japan. Nur eine Bohle fehlte an einem Ende des Raumes. Hier klaffte eine tiefe Spalte. In Europa hätte man den Spalt mit einem anderen Holz zugemacht, in Japan nicht. Das Unvollkommene ist dem Japaner näher als das Perfekte. Ein Widerspruch? In der Natur bleibt etwas offen, weil die Natur in sich nicht abgeschlossen ist, nicht aber in der Technik, in der die Perfektion obsiegt. Ich lief über die letzte Bohle und vergaß, auf meine Füße zu achten. Da geschah es. Die Füße waren feucht geworden, sie fanden keinen Halt in den Socken. Ich geriet ins Rutschen und fiel seitlich in den Spalt. Mit dem Oberkörper blieb ich hängen. Das linke Knie hatte sich verdreht und blieb ebenfalls stecken. Meine Begleiter versuchten, mich frei zu machen, heraufzuziehen, mühevoll gelang es ihnen. Der herbeitelefonierte Arzt kam und half mir.

So kehrte ich als Patient in das gastliche Haus zurück. Mich quälte es sehr, in der Saison im Hotelgetriebe eine Last sein zu müssen. Doch wie ich als Gast willkommen gewesen war, war ich jetzt als Kranker willkommen. Die Behutsamkeit, die man mir zuteil werden ließ, war in keiner Weise verpflichtend. Ich wurde wie in der Zen-Halle behandelt – mit einer Zuwendung, die mich ganz und gar einbezog und dennoch nicht zum Gegenstand einer Fürsorge machte. Meine relativ schnelle Erholung führe ich auf diese Unbetontheit des Gebens und Nehmens zurück. Ich war sehr dankbar dafür. Hier wurde Zen im Alltag einfach die Richtschnur des Tuns. Auch Geben und Nehmen sind ohne Grenzen, wenn man in sich die Grenzen nicht zieht. Wenn die Offenheit des Lebens Vorrang behält.

Als der Arzt mich reisefähig fand, verließ ich mit Toshiko das Haus am Meer und kehrte nach Kioto zurück. Hier kam ich ohne jede Beschwerden an, setzte mich, ohne nachzudenken, an den Tisch am Boden und begann meine Tuschmalerei. Darüber vergaß ich Zeit und Stunde. Natürlich war der Schmerz im Knie wieder da, als ich dann aufstand. Ich hatte den Bogen überspannt. Und damit begann eine Zeit, in der ich nie ohne Schmerzen war, weder im Liegen noch im Sitzen, noch im Stehen. Zum ersten Mal begriff ich, daß der Unfall eine Tatsache war, der ich mich stellen mußte. Was wurde aus mir, wenn ich nicht mehr sitzen konnte? Wie sollte ich in der Zen-Halle bestehen? Ich grübelte darüber nach: Was ist eine Tatsache? Ist alles, was geschieht, Tatsache? Was sind dann Gedanken, Wünsche? Ist jede Tatsache in sich Geschehen, das anfängt und zu Ende läuft und somit in sich beschlossen ist?

Fast unmerklich wurde ich in dieser Zeit ein Schauender. Ich bemühte mich nicht mehr still zu sein, hielt mich nicht mehr fest, um still zu sein, ich erlebte Stillsein als Stillsein von Sekunde zu Sekunde, absichtslos.

Im Stillsein tauchte ich selbst auf, als Gestalt, die vage in Erscheinung tritt. Ich erschrak, wie zögernd, lustlos, unsicher, wie fremd mir die Gestalt, ich selbst, mir entgegentrat. Wie zögernd ich mich dazu bekannte; ich war diese Gestalt, ich selbst war es.

*

Im kleinen Haus von Nitani-sensei (der verehrten Meisterin des Blumensteckens) pulsierte das Leben vom Morgen bis zum Abend. Und doch war es ein Leben der Stille. Jeder, der hineinging, wurde umschlossen von einer heilen Welt, wurde aus der Unruhe des eigenen Lebens herausgeholt und hineingestellt in eine Harmonie, in der das Zwiespältige versank. Bei Nitani-sensei war die innere Voraussetzung für Lernen Stillsein. Jeder, der zunächst gekommen war, um sich einen ästhetischen Farbensinn anzueignen, die Regeln des Blumensteckens zu lernen, trieb ohne Steuer auf hoher See herum. Wie kann man still sein, wenn man nicht weiß, wie man es machen soll?

Die klugen Augen von Nitani-sensei hatten erfaßt, um

was es in dem neuen Schüler ging. Still setzte sie sich neben ihn, sah ihn ermutigend an, zeigte, wie die ihm zugeteilten Blumen geordnet wurden, nach den Grundprinzipien von Himmel, Erde, Mensch in ihrem Verhältnis zueinander. Unmerklich vergaß der Lernende sich selber, seine Zwecke und Ziele. Die Hände von Nitani-sensei sind Hände eines Meisters. Sie spielen mit den Blumen, lassen in ihnen die Harmonie ihres Seins aufblühen. Sie lächelt den Schüler an, er greift selber nach den Blumen, und ohne Wissen wird er wieder Kind. Er schließt sich auf, wie er sich als Kind aufgeschlossen hat im Spiel, der Eifer packt ihn, er fühlt sich selbst angesprochen, beteiligt, wie er sich vielleicht seit Jahren nicht beteiligt gefühlt hat. Er ist mittendrin in den Blumen, im Raum, ist mit den andern in einer Gemeinsamkeit verbunden, die ihn glücklich macht.

So kommen alle wieder und wieder zu Nitani-sensei, steigen auf in höhere Grade des Könnens und lernen, was über ein Können hinausgeht, sich selber zu öffnen für die Schönheit des Lebens, für die Harmonie des Lebens.

Deshalb genügt es nicht, um die Kunst des Blumensteckens bei Nitani-sensei zu lernen, Blumen anzusehen, ihre Farbwerte zu prüfen, sie nach ästhetischen Farbvorstellungen zusammenzustellen, zu lernen, nach welchen Prinzipien das geschehen muß – das alles hat im Sinne von Nitani-sensei mit Zen wenig zu tun. Denn das Wissen um Zusammenhänge ist nicht gleichzusetzen mit Beziehung zu den Zusammenhängen.

Ich habe Gesichter von Meisterinnen des Blumensteckens gesehen, die wie Pflanzen wirkten. Sie waren in ihre eigene Stille versunken. Ich sah sie auf einer Teezeremonie beim Zen-Meister. Sie berührten mich, als wären sie in einer Zone des Lebens angekommen, die jenseits von Kampf und Selbstbehauptung liegt.

*

Am 20. Januar war ich mit Ueda-san erneut beim Meister zum Sanzen. Nach dem Sanzen ließ mir der Meister durch Ueda folgendes sagen:

»Deine neue Aufgabe lautet: Zeige mir, wie du *Sekishu*, die Stimme der einen Hand, wirst, wenn du stirbst.«

Und er sagte weiter: »Es ist die gleiche Aufgabe, die ich mir stelle. Wir beide stehen da, wo das Leben sich auf Jahre beschränkt – es ist das, worauf es jetzt ankommt.« Es ergriff mich sehr, wie der Meister mich in sein eigenes Leben einbezog.

Der neue Koan: »Wie hörst du die Stimme der einen Hand beim Sterben? Wie hörst du Sekishu bei deinem letzten Atemzug?« Sterben wird auf den allerletzten Atemzug festgelegt. Ich muß, um sterben zu lernen, das Leben voll und ganz leben lernen. Ich glaube, ich kann durch einen Brief, den mir der Meister Jahre später schrieb, die neue Aufgabe erläutern:

»Im Tempel Daikomyoji ist der Duft Deines Zazen noch jetzt vor meinen Augen greifbar. Leben und Sterben, das ist die einzige große Sache. Die Zeit fliegt dahin wie ein Pfeil. Wie viele Jahre sind vergangen, seitdem wir uns voneinander verabschiedeten. Ich denke an das Wiedersehen mit dir. Ohne es abzuwarten, bist Du doch hier und jetzt da. Das ist die Gegenwärtigkeit im Nur-Herzen des Zen. Nur das eine Herz! Das eine Herz ist das Nicht-Herz. Das ist die größte Freude unseres Lebens, wenn wir im Zazen einen großen Tod gestorben sind. Bitte, übe weiter Zazen! Sei eins mit dem Koan in einem Herzen. Deine ganze Leib-Seele restlos in die Stimme der einen Hand einsetzend, höre sie genau und vollkommen. Überlasse Dich ganz dem Ausatmen, das aus dem Unterbauch kommt, und sei ›die eine Hand‹! Nichts anderes! Da findest Du Dich von selbst in die Freude! Und Du siehst da Dein eigenes und eigentliches Herz! Unbekümmert, ob es Dir gelingt, sei nur ›die eine Hand‹.

Deine duftende Übung des Zazen bei mir damals!

Bitte, so weiter! Sei nicht erschrocken von verschiedenen Regungen des Herzens, und sei furchtlos. Wenn Du lebst, lebst Du, wenn Du stirbst, stirbst Du, nichts anderes! Darin ist alles da, Philosophie, Moral, Religion.

Sei Tag für Tag ruhig und friedlich, sei eins damit, was jeweils vor Dir erscheint, und bleibe in rechter Wachheit. Dieses ist das eine Herz des Selbst. Das eine Herz ist, wiederhole ich, das Nicht-Herz. Das Nicht-Herz ist nichts anderes als das Selbst, das Selbst ist die Stimme ›der einen Hand‹.

Die große Ruhe und der Friede unseres Lebens sind, glaube ich, einzig davon abhängig, ob wir in Übung und als Übung leben können oder nicht. Bitte, sei vorsichtig mit Deiner Gesundheit. Und genieße Dein Leben so lange wie möglich, auch um einen Tag länger! Aus der Ferne wünsche ich Dir Glück!«

Im Sanzen sind Meister und Schüler allein. Die Konzentration auf den Koan umschließt sie wie eine Schale die Auster. Sie sind eins in dieser äußersten Konzentration.

Aber die Konzentration, um die es hier geht, kann vom Schüler nicht ohne weiteres geleistet werden. Stufe für Stufe führt der Meister ihn tiefer in den Koan hinein, härter und härter wird die geistige Anstrengung, strenger und unerbittlicher wird die Zucht des Geistes.

Der Koan wird zum geistigen Schwertkampf. Nach den Regeln des Schwertkampfes lehrt der Meister den Schüler kämpfen. Unerbittlich nach außen, den Gegner zu vernichten (den Koan zu lösen), unerbittlich nach innen, alles Selbstische in sich selbst zu vernichten, frei zu sein von Zwecken und Zielen. In der äußersten Konzentration auf den Koan wirft der Schüler alle Elemente ab, die sich zwischen seine eigene geistige Erfahrung und die Konzentration begrifflich, gefühlsmäßig oder empfindungsmäßig stellen wollen. Gedanken, Gefühle, Empfindungen verbrennen am glühenden Eisen Zen. In der innersten Bewußtheit ist Konzentration der Weg in die Existenz, der Ursprung ist die Existenz.

Über den Zustand inneren Bewußtseins kann keine logische Aussage gemacht werden. – Hier stehen die Grenzpfeiler des Verstandes. Aber in der innersten Bewußtheit unserer Existenz existieren keine Grenzpfeiler in unserem Bewußtsein. Ich wußte, ich war aufgerufen, den letzten Reifeprozeß meines Lebens zu vollenden: mein eigener Meister zu sein.

Aber mein Knie rebellierte. Die Schmerzen beim Sitzen waren unerträglich. Ich bat Ueda-san, dem Meister meine Lage zu erklären. Ich dachte jetzt daran, nach Deutschland zurückzukehren, um mich dort behandeln zu lassen.

Das Gespräch mit dem Meister war eins der sachlichsten, die ich je in Japan geführt habe. Präzise Fragen über den Unfall, den Verlauf der Heilung, neuerliche Beschwerden. Ohne weitere Erörterungen ordnete der Meister meine Untersuchung in der Universitätsklinik an. Der Arzt Tsujimura-san wurde als Begleiter ausgewählt. Er war mit dem führenden Orthopäden befreundet. Alles geschah sofort. Die Untersuchung ergab die Notwendigkeit einer sofortigen Behandlung. Punktur des Knies, Behandlung mit Antibiotika. Die Behandlung zog sich über eine längere Zeit hin, tat mir gut, erlöste mich von den quälenden Schmerzen. Aber der Professor warnte mich, Sitzen würden die angerissenen Meniskusbänder nicht aushalten.

Der Meister tat ein übriges in seiner großen Freundlichkeit. Ich durfte wählen: entweder im Gästehaus des Shokokuji ein Zimmer zu beziehen, europäisch mit Bett ausgestattet, oder in den kleinen Tempel neben der Zen-Halle einzuziehen, das hieß ins Sodo, in den engsten Bereich der Zen-Halle. Tsujimura-san begleitete mich wieder, als ich die Besichtigung vornahm. Ich entschied mich für den kleinen Tempel, den engsten Bereich der Zen-Halle, das Sodo. Tsujimura-san warnte mich: »Sie können nicht den ganzen Tag im Zazen sein und sich darin zeigen.« Aber ich war überzeugt, daß ich es sollte. So teilte er dem Zen-Meister meinen Entschluß mit und begleitete mich zum »jungen« Meister, um seine Erlaubnis für mich, im kleinen Tempel wohnen zu dürfen, einzuholen.

Wir wurden in sein kleines Arbeitszimmer geführt. Ich saß und hörte zu. Schnelle, kurze Blicke auf mich gerichtet, das Gespräch wurde ohne mich geführt. Ich wußte, daß ich wie ein offenes Buch vom Zen-Meister des Shokokuji gelesen wurde. Und gerade das machte mich tief ruhig. Ich war nicht angehalten, mich im Zen zu zeigen, ich konnte sein, wie ich bin.

Der Einzug in den kleinen Tempel ging an einem Sonntagmittag vor sich. Meine Begleiter waren Erika, eine junge Sinologiestudentin, und ein japanischer Student, der sich meines Gepäcks annahm. Alle waren neugierig, denn in ein Sodo einzuziehen war etwas Ungewöhnliches.

Wir brachten die Koffer vor den Tempel, schoben die Schiebetüren im Eingang zurück und hoben die Koffer nach oben in den offenen Raum vor uns. Da standen plötzlich zwei Mönche im Raum. Sie waren so schnell und lautlos erschienen, daß wir alle, wie auf ein Kommando, still standen. Es waren der führende Mönch und sein Begleiter, ein junger Mönch. Der führende Mönch, ich kannte ihn aus der Zen-Halle, war für mich wie ein Wasserfall in seiner Kraft, in die man hineinstürzt, die einen mit sich fortreißt. Ich fühlte mich als unbefugter Eindringling. Wir verbeugten uns tief.

Ohne uns weiter zu beachten, wandte sich der führende Mönch an den japanischen Studenten; ich solle nach oben steigen (man macht vom Boden aus einen Schwung herauf auf den Umgang, um in den Raum zu treten), er wolle mir zeigen, wo ich zu wohnen habe. Er sprach zu mir in kurzen, abgehackten Sätzen, die ich nicht verstand. Der junge Student übersetzte. Die übrigen Begleiter hatten sich scheu in den Garten zurückgezogen, so stark zwingend war die Persönlichkeit des Mönches. Ich sollte wählen, welchen der beiden Räume, die durch Schiebetüren voneinander getrennt werden konnten, ich bewohnen wolle. Ich sah mich um und entschied mich für den Raum, dessen Wand sich zur Zen-Halle öffnete. Umschlossen wurde der Tempel von allen Seiten vom Garten.

Ohne weitere Hinwendung zu mir hin wurde mir gezeigt, wo die Matratzen im Wandschrank untergebracht waren. Den Regeln des Zen entsprechend, durfte ich zwei benutzen. Weiter, wo ich meine eigenen Sachen unterbringen sollte. Ich verbeugte mich dankend. Die Koffer standen noch zwischen den offenen Türen.

Da geschah es. Der führende Mönch ergriff den Besen, der an einer Wand lehnte, schleuderte ihn blitzschnell durch den Raum, mir fast vor die Füße. Ich stand wie gelähmt. Atemlose Stille. Im Augenblick des Geschehens hatte es mich durchzuckt: Nimm den Besen und schlage ihn vor dem Mönch hart auf den Boden! Aber es geschah nichts. Jeder stand regungslos da. Der Augenblick zu handeln war vorüber. Wortlos gingen die Mönche hinaus. Zurück blieb Leere. Was hatte mich an der spontanen Reaktion gehindert?

Ich konnte es nicht in Worte fassen. Merkwürdig leer nahm ich die Koffer, stellte sie in den Schrank, nahm danach den Besen vom Boden auf und lehnte ihn wieder an die Wand, dann suchte ich meine Begleiter im Garten auf.

*

Unvermittelt erinnerte mich der Einzug in das Sodo an ein Erlebnis in Delphi. An einem frühen Morgen im Herbst – die Fremdensaison war zu Ende, ich war der letzte Gast in meinem Hotel – ging ich in das Heiligtum hinein. Ich wußte, daß sich in alten Zeiten die Pilger in einem Vorraum vom Staub der Reise gesäubert, frische Kleider angezogen und aus der Quelle getrunken hatten, die aus dem Boden entsprang, um sich innerlich zu reinigen, sich auf das Mysterium vorzubereiten. Ich wollte mich ebenfalls auf das Betreten der geheiligten Stätten vorbereiten.

Zögernd war ich in den Vorraum eingetreten. Es war nur ein Besucher anwesend, der, vertieft in ein Buch, an einem Steintisch in der Mitte des Raumes saß. Wir nickten uns kurz zu. Ich ging auf die Quelle zu, kniete am Boden nieder, schöpfte mit der Hand das fließende Wasser aus der Quelle. Es gelang mir nur unvollkommen. Wasser lief mir durch die Finger durch. Da hörte ich neben mir auf englisch sagen: »Sie machen es nicht richtig. Darf ich Ihnen zeigen, wie man es macht?« Und der Engländer legte sich lang neben mich auf den Boden, steckte seinen Kopf unter die Quelle, öffnete den Mund weit, ließ das fließende Wasser in sich hineinfließen, schluckte und trank in langen Zügen.

Als er sich aufrichtete, lächelte er mich an und ging ohne ein einziges Wort auf seinen Platz zurück. Ich folgte seinem Beispiel, legte mich auch auf den Bauch, streckte mein Gesicht mit offenem Mund unter das Wasser, ließ es in mich hineinströmen, schluckte, trank in großen Zügen und hatte auf einmal ein Gefühl in mir, als hätte ich vom Wasser des Lebens getrunken. Ich wußte nicht, daß ich Fieber hatte. Ich war auf dem Wege in eine Sepsis, die mir beinahe das Leben gekostet hätte. Vielleicht war das Wasser stärker gewesen in seiner Heilkraft als die giftige Muschel, in die ich getreten war. Etwas in mir hatte sich im Trinken geöffnet – für etwas, was ich nicht sehen konnte.

Der folgende Rundgang durch die Heiligtümer beeindruckte mich nur als Vergangenheit. In der Quelle war die Kraft des Mysteriums von Delphi lebendig geblieben.

Sie war auch in mir lebendig geworden. Ich spürte sie nicht nur an diesem merkwürdig zeitlosen Morgen in Delphi in mir, ich spürte sie in mir über eine lange Zeit.

11
Der Berg Lu in dichtem Regen

Ein chinesisches Gedicht las ich immer wieder:

> Der Berg Lu in dichtem Regen, der Fluß Ch'e zur Flutzeit.
> Wäre ich nicht dort gewesen, meine Sehnsucht hätte mich immerfort weitergequält.
> Ich ging hin und kehrte zurück – nichts im besonderen.
> Der Berg Lu in dichtem Regen, der Fluß Ch'e zur Flutzeit.

Die Stille im Sodo drang täglich tiefer in mich ein. Wie Wasser, das man fließen hört, ohne es zu hören, lief Stille durch den Tag und durch die Nacht. Die Tiefe der Stille hing vom Hören ab. Je unbelasteter, unbefangener ich in die Stille hineinhörte, desto offener wurde die Stille, desto stärker wurde sie in ihrer geistigen Kraft.

Nie zuvor hatte ich in einer Atmosphäre gelebt, in der geistige Stille der innere Schwerpunkt des Lebens ist.

Ich spürte die unfaßliche Wachheit, in der jede Handlung getan wurde, ich spürte ebenso die äußerste Konzentration, mit der das, was getan wurde, ausgeführt wurde. Was ungreifbar blieb, war die innere Gelassenheit, die Kraft der unbewegten Mitte in der Mitte allen Geschehens.

Dies war die Quelle des Zen.

Alleinsein war jetzt nicht nur Alleinsein, es gab mir unmittelbar Kraft. Aus ihr schöpfte ich den Mut, das zu erfahren, zu bestehen, was mich allein anging, was ich allein bestehen mußte. Hatte der Meister gewußt, daß ich Alleinsein mehr brauchte als jede andere Zuwendung und Hilfe?

Aber der Weg des Zen ging keinesfalls steil bergauf, er wurde noch steiniger und härter. Wie niemals vorher sah ich meine Bedrängnisse wie Ketten, die mich an mein »Ich« fesselten, das ich – wie ich meinte – längst zum Teufel geschickt hatte. Es war wieder da und machte mir weis, daß es Blutsbrüderschaft mit mir getrunken hätte. Es gab Tage, an denen ich mich haßte, an denen ich mit mir und der Welt zerfallen war, hohnlachte über die Uniformierten des Zen, die einen Heiligenschein brauchten, um einen Sündenfall zu verzeihen.

Irgend jemand hatte gesagt: »Wenn ich sitze, bin ich auch schon versunken ...« Ich war keineswegs versunken. Wenn ich mich hinsetzte, brach mir der Schweiß aus über die innere Desorientierung. Ich wußte nicht, wie ich einen Mechanismus einschalten konnte wie einen Lichtschalter, um versunken zu sein. Ich konnte mir nicht befehlen, still zu sein, ich konnte auch nichts tun, um still zu sein. Plötzlich war ich dann still. Die Tore gingen auf, ich versank. Wie tief, wie lange, ich wußte es kaum. Der Zustand, in dem ich war, verfügte über mich wie die Dunkelheit der Nacht über das Licht des Tages. Dunkelheit und Licht fließen ineinander, sie sind eins. –

Die Stimmen der Mönche weckten mich frühmorgens aus tiefem Schlaf. Sie sprachen das Sutra. Mit Stimmen, die den Tag noch nicht erreicht hatten, rauh, ungeformt, stießen sie die Worte hervor, schleuderten sie in die Luft.

Ich lag ganz still und horchte in die Kraft der Stimmen hinein.

Jetzt atmete ich die Disziplin des Zen ein wie die Luft.

*

Es wurde täglich anders mit mir. Ich sah mich neu, ohne Vorurteile, sah das Leben, wie ich es lebte, neu, es gab keine abgenutzten Stunden am Tag, ich fühlte mich nicht verbraucht und müde, es gab keine Resignation, die mich erschreckte. Ich fühlte mich wachsen. Ich wuchs in mich selber hinein, in eine Beziehung mit mir selbst, die mich energiegeladen sein ließ. Beziehungen öffneten und weiteten mein Bewußtsein.

Die Welt, in der ich lebte, wurde mir täglich wesentlicher. Die Beziehungen zu meinem Leben reichten jetzt tiefer in ihren Wurzeln, als es mir je bewußt gewesen war. Ich fühlte mich bewußter, offener, ich ließ Schwingungen zu, die mich leicht und froh machten.

Ich stand auf, ordnete mein Zimmer, legte die Matratzen sorgfältig in den Wandschrank, nahm meine Waschsachen unter den Arm und ging damit ins nahe Badehaus des Shokokuji. An einer bestimmten Stelle im Garten stand ich still und sah in den Himmel. Eine Gewohnheit aus Kindertagen ließ es mich tun. Jahrelang waren wir Kinder in grauer Morgenfrühe auf dem Milchwagen in die Stadt zur Schule gefahren worden. Auf dem Milchwagen hatten wir oft die Sonne aufgehen sehen. Wir hatten dabei die Färbung des Himmels, die Wolkenbildung genau studiert, hatten gewettet, wie das Wetter an diesem Tag sein würde. Der Himmel war eine Landkarte für uns, auf der wir die Strömungen der Luft, Wolkenbilder, Licht und Schatten in ihren Richtungen verfolgten, sie uns einprägten. In unserer Phantasie zogen wir mit ihnen um die ganze Erde. Ohne es uns bewußtzumachen, nahmen wir die Großartigkeit der Himmelsräume, ihre Weite, ihre Freiheit mit in den Tag.

Herz und Sinne sperrangelweit offen, kamen wir in der Schule an. Wir wußten nicht, daß wir in die Wirklichkeit des Lebens eingetaucht waren, daß wir in eine Beziehung zur Wirklichkeit gekommen waren, die unser Leben tiefer angehen sollte als das Schulwissen.

Was wußten unsere Freunde von einem Himmel, an dem die Sonne aufging, was wußten sie von Wind und Wetter frühmorgens auf einem Milchwagen? Was wußten sie von Sonnenschein auf den Feldern und jubilierenden Lerchen, die zum Himmel aufstiegen? Unbewußt lebten wir in einer Wirklichkeit, die uns das Leben lieben lehrte.

Etwas davon war wieder in mir, wenn ich den Himmel über Kioto betrachtete. Im Badehaus war ich der einzige Besucher. Ich wusch mich, genoß das kalte Wasser in seiner Frische, freute mich, daß ich niemanden störte. Nur der Hund des Verwalters kam und bellte mich kräftig an. Da ich jeden Morgen kam, wartete er auf mich, ich wurde für ihn ein tägliches Vergnügen.

Zurückgekehrt machte ich mir mein Frühstück auf einem elektrischen Kocher. Dafür legte ich ein großes, abwaschbares Tuch auf den Boden und stellte den Kocher in die Mitte. Ich mußte sehr sorgsam sein, vor Jahren war der Tempel durch einen Kurzschluß in Flammen aufgegangen. Ich hatte es bei meinem ersten Aufenthalt erlebt. Ich erinnerte mich noch deutlich an den Schrecken, als Ueda und ich vor dem Trümmerhaufen standen.

Wir hatten uns für die Aufräumungsarbeiten zur Verfügung gestellt, aber unsere Hilfe wurde abgelehnt. Die Mönche, Tücher um ihre kahlgeschorenen Köpfe geschlungen, hatten seit Stunden aufgeräumt. Sie sahen in den Kopftüchern, rauchgeschwärzte, merkwürdig handfest aus, als hätte die Notwendigkeit der Stunde sie in Handwerker verwandelt. Der führende Mönch kam zu uns und brachte den Befehl des Meisters, sofort in die Zen-Halle zu gehen und zu üben. Das sonntägliche Üben durfte auch durch einen Brand nicht vernachlässigt werden. Der führende Mönch sagte den Befehl hart und abrupt, daß wir uns auf dem Absatz umdrehten und ihm folgten. Die Aufregung war noch groß, aber kaum saßen wir auf unseren Plätzen und hatten vorher schweigend unsere gewohnten Verbeugungen gemacht, da versank die Außenwelt. Die übrigen Teilnehmer waren ebenfalls gekommen. Wir saßen in einer Konzentration, die uns Zeit und Stunde vergessen ließ. In diesem Üben erfuhr ich die Kraft der gesammelten Energie in mir.

Ich übte hart und nüchtern, jedesmal aufs neue gepackt und geschüttelt von einer Radikalität, die Zen zum Zuchtmeister machte. Bewußtsein wurde zu einer Zuchtrute der Konzentration. Sehen und Hören verwandelten sich. Sie ergriffen nicht mehr die Dinge als Objekte der Wirklichkeit, sie öffneten ihre Tiefen und ließen ein inneres Sehen und Hören zu, das Schwingungen aufnahm, die den innersten Bereich des Lebens angingen. In diesem Üben schloß sich in mir ein Bewußtsein auf, das überhaupt nichts wußte von einem Wissen über Bewußtsein. Es war ein innerstes Bewußtsein in mir, das atmete, existierte, von Anbeginn meines Lebens, das von intellektuellen Begriffen nicht umgrenzt, von rationalem

Denken nicht ergründet werden konnte. Sein und Bewußtsein waren Lebensgründe, ich konnte sie nur in tiefer Passivität erleben.

In mir stieg die Kühle der Ichlosigkeit auf. Ich begriff: »Zen-Buddhismus ist nichts anderes als ein Hindurchblicken durch sich selbst« (Tsujimura).

*

Den Zauber eines japanischen Hauses kann nur derjenige nachempfinden, der darin gelebt hat. Ich empfing meine Gäste in einem Raum, in dem rundherum alle Schiebetüren zurückgeschoben waren, der Garten lag zu Füßen, das dichte Grün der Bäume und Sträucher gab Kühle an heißen Tagen. Harmonie umschloß die Welt, Stille war der Grundton dieser Welt.

Als ich einzog, waren die in den Schiebetüren mit Papier ausgekleideten Fensterrechtecke teilweise zerrissen gewesen, nachts pfiff der Wind über mein Bett am Boden. Normalerweise kümmerte mich das nicht. Nur in einigen stürmischen Nächten hatte ich wach gelegen und mich gefragt, ob die übrigen Papiere dem Druck noch standhalten konnten und was andernfalls passieren würde. Ich war aufgestanden und entdeckte hölzerne Schiebewände, die von außen noch zuzuschieben waren. Das beruhigte mich. Nicht jedoch die Medizinstudenten der Kioto-Universität, die einmal in der Woche zu mir kamen, um Deutsch zu lernen. Sie nahmen den Zustand meiner Fenster kritischer unter die Lupe und beschlossen, etwas dagegen zu tun.

Eine Woche später erschienen sie mit Papierrollen, Klebstoff, Scheren und den nötigen Utensilien und arbeiteten stundenlang daran, Papiere zuzuschneiden und einzukleben. Ich durfte nichts tun und sah fasziniert zu. Ruhige Bewegungen, Präzision, Sorgfalt – vollkommenes Handeln. Es wurde kaum gesprochen, nur mit Konzentration gearbeitet.

Ihre Hilfeleistung empfand ich als großes Geschenk, über das ich mich täglich neu freute.

Wir Europäer können uns kaum vorstellen, wie stark diese Papiere sind, die nach alter Art handgezogen werden. Sie halten kräftigem Winddruck stand, werden oft von Regen durchnäßt und reißen dennoch kaum.

*

Eines Mittags stand ich in der Diele des Meister-Tempels und sah mir die Zen-Hüte, die an der Wand hingen, an. Ich fragte die Haushälterin, mit der mich ein besonders herzliches Verstehen verband: »Wo kann man solche Hüte kaufen? Ich möchte gerne einen Hut nach Deutschland mitnehmen.«

Der führende Mönch kam dazu. Ihm wurde meine Frage übersetzt, aber er schüttelte nur den Kopf. »Diese Hüte sind nicht zu kaufen.«

Am Nachmittag – die Schiebetüren standen weit offen, der Garten duftete und war grün wie ein Frühlingswald – flog mir plötzlich ein Zen-Hut vor die Füße. Ich schrie auf vor Überraschung und Freude. Aber damit nicht genug. Innen im Hutrand stand mit Tusche geschrieben: »Der Tag, an dem ich in mein Wesen hineingesehen habe.« Es war der Hut, den der führende Mönch am Tag seiner Erleuchtung getragen hatte. Ich war tief bewegt, und alle, die davon erfuhren, waren es ebenso. Als ich mich bedanken wollte, lachte der Mönch nur und sagte: »Ich habe noch einen anderen.«

Heute hängt der Hut an der Wand meiner Hamburger Wohnung. Manchmal setze ich ihn auf. Ich glaube zuversichtlich, daß die Erleuchtung des Trägers eine Kraft ist, lebendig wie die Kraft der Quelle in Delphi, die auf mich übergeht.

Engo (chin. Yüan-wu) sagt:

»Die große Wahrheit des Zen ist in jedermanns Besitz. Schau hinein in dein eigenes Wesen, und suche es nicht durch andere! Dein eigener Geist ist jenseits aller Form, ist frei und still und sich selbst genügend! Immerwährend prägt er sich selbst in deinen acht Sinnen und in den vier Elementen! In seinem Licht löst sich alles auf! Bringe die Zweifel von Subjekt und Objekt zum Schweigen! Überspringe den Intellekt, trenne dich vom Verstand, und dringe unmittelbar in die Tiefe bis zur Identität mit dem Buddha-Geist! Außerhalb seiner gibt es keine Wirklichkeit!«

Meister Eckehart sagt:

»Ich sage ein Weiteres und ein Schwereres: Wer unmittelbar in der Bloßheit dieser Natur stehen will, der muß allem Personenhaften entsagen!«

Wie im Kreislauf allen Lebens stand ich mitten im Kraftfeld des Lebens, und Freisein war keine Illusion.

Die äußere Ordnung des Tagesablaufes verlor jeden Zwang. Eine innere Ordnung, sie entzog sich jeder logischen Überlegung, wuchs ohne mein Zutun in mir. Mich verband damit die gleiche Freude, die ich an den Blumen in den Kornfeldern gehabt hatte, Kornblumen, leuchtender Mohn, Wicken. Sie wurden als Unkraut ausgerottet, aber sie machten die Kornfelder lebend und schön.

Ich wußte jetzt etwas von einem Freisein, das innere Autorität ist. Ich empfand ein Gefühl in mir, das mich tief sicher sein ließ. Absichtslos ließ ich Dinge geschehen, Dinge kommen und gehen. Ich hatte zu ihnen eine Beziehung, die mich nicht festband, mich aber mit ihnen verband. Was ganz neu war, ich ließ ihnen den Raum, der ihnen eigen war. Und ich selbst gewann dadurch mehr Raum in mir. Mein Bewußtsein erweiterte sich.

Impulse sprangen in mir auf, ich war tätig aus Impulsen heraus, handelte noch angeschlossen an den Impuls. Wie oft passierte es mir, daß ich schon etwas getan hatte, bevor ich wußte, daß ich es tun sollte. Kleine Dinge wurden große Dinge.

*

Wie die Mönche kam auch ich vom Garten her auf die Zen-Halle zu. Die Mönche setzten sich auf die unteren Stufen vor der Halle und zogen ihre Schuhe aus. Jeder Besucher tat das. Aber ich sah sehr schnell ein, daß Schuheausziehen nichts bedeutet, wenn man dabei an andere Dinge denkt. Ich sah, wie sich die Gesichter beim Schuhausziehen veränderten, sie wurden gelassen, ruhig, still. Hast und Unruhe des Tages blieben in den Straßenschuhen zurück, sie wurden fallengelassen. Etwas davon, was Zen ist, wurde selbst hier Wirklichkeit. Man kann nicht wirklich neu sein, etwas Neues anfangen, wenn man zugestopft ist mit alten Dingen.

In dieser Erfahrung wurde mir eine Geschichte in der Bibel klar, die ich nie verstanden hatte. Lots Weib erstarrte zur Salzsäule, als sie sich auf der Flucht aus Sodom und Gomorrha umwandte. Sie hatte das Vergangene nicht fallenlassen, sie hatte es nicht vermocht, neu anzufangen.

Ich begriff auf eine neue Weise, warum das tägliche Leben in Japan soviel Leichtigkeit, Gelöstheit hat. Man lebt stärker im eigenen Rhythmus als in Zwecken und Zielen. Der eigene Rhythmus hat noch die Kraft zu atmen, sich fallenzulassen in den natürlichen Rhythmus des Tages. Der Augenblick ist noch Augenblick, prall voll Leben. Ein Leben in Augenblicken bedeutet hier nicht ein zerrissenes Leben, es ist, was es ist, ein rundes Leben.

Fallenlassen war keineswegs ein Prinzip, es war lebendige Erfahrung. Wen störte es, daß die Strohsandalen, in die man hineinschlüpfte, nachdem man die Schuhe ausgezogen hatte, abgewetzt und bis auf den letzten Strohhalm verbraucht waren, darum ging es nicht. Es ging darum, daß man leicht und frei in die Zen-Halle eintrat, frei von allem, frei zu allem.

Zen des täglichen Lebens war im Sodo mein Lehrmeister. Ich erkannte, daß Stillsein eine Kraft ist, die stärker ist als jede Kraftanwendung, daß es eine geistige Stille gibt, die geistige Kraft ist. Daß Stillsein, im Geist still sein, eine Waffe ist, radikal wie keine andere, um das moderne Leben, so wie es ist, leben zu können, im Einssein mit dem eigenen Leben. Zen erschöpft sich nicht in einer Methode, in Wissenschaft und Lehre, in Religion und Glauben an etwas, Zen ist Ursprung, und der Weg in den Ursprung ist Zen.

In den nun folgenden Wochen wurde ich zum Revolutionär. Extreme Nüchternheit, innere Erregbarkeit wechselten miteinander ab. Ich stellte mir Fragen: Realisiere ich mich in meiner Gestalt; realisiere ich mich in meinen Bewegungen (den äußeren, den inneren), realisiere ich mich im Atem, in seinen Abläufen, woher kommt der Atem; was ist Bewußtsein? Was sind Denken, Fühlen, Empfinden? Was ist innerstes Bewußtsein? Was ist Existenz?

Die Radikalität des Zen überfiel mich. Wenn ich Zen wirklich lebe, lebe ich von Augenblick zu Augenblick. Ich mußte in äußerster Konzentration den Augenblick radikal erleben, ich mußte ihn radikal fallenlassen, einen neuen Augenblick leben. Was ist Radikal-Sein, Radikal-Leben?

In der Goethe-Zeit übersetzte man »radikal« mit: wurzelecht – bis auf den Grund. Darin war der Ursprung, als Ur-Grund allen Lebens eingebettet, die Radikalität also als solche zog Kreise und Kreise bis in den letzten Kreis.

Erregung packte mich, als müßte ich mich zu etwas bekennen, als müßte ich mich dazu bekennen, ein Mensch zu sein. Als hätte ich eine Vision von mir gehabt, wie ich bin. Ich hatte einen tiefen Drang, aus meiner eigenen Natur heraus zu leben. Worum kämpfte ich? Um nichts anderes als Zen. Um die Erleuchtung im Zen.

Einmal brach ich vor dem Meister in Tränen aus. Ich war ohne Weg und Steg in mir, ging ich in die Irre, oder ging ich ins Unbekannte? Der Meister reichte mir die Hand und sagte liebevoll: »Es ist gut, so ist es gut.«

Tun und Lassen waren nicht einfach Tun und Lassen, ungezählte Male am Tage beiläufig, zufällig getan und gelassen, es waren Entscheidungen, die das Bewußtsein mit vollzog.

So war auch das Dolmetschen nicht mehr nur gewohnt, selbstverständlich. Es betraf mich, den inneren Kontakt, der Meister und Schüler in der Konzentration auf den Koan eins sein ließ. Ich spürte das Zerreißen meines innersten Bewußtseins im Augenblick des Dolmetschens.

Plötzlich ertrug ich die Zucht des Geistes im Zazen nicht mehr. Ich ließ Zen in mir fallen. Um was ging es? Um meine Glaubwürdigkeit, um meine Wahrhaftigkeit im Zen. Ich mußte frei sein, auch frei sein von Zen. Ich begriff in diesem Augenblick etwas von der tiefsten Passivität des Lebensgrundes, vom Aufbrechen der Kraft des Lebens aus eigener Kraft. Wollen, Erwarten, Sichrichten nach den Traditionen, die Zen abschirmten vom Leben draußen vor der Tür, alles das konnte ich nicht mehr.

Ich warf alles über Bord. Ich war nichts als Energie, radikale Energie. Ich fühlte mich aufplatzen wie eine reife Frucht. Ich stand mittendrin in einem Bewußtsein, das tiefer war als alles, was die Welt gedacht ... Dann war es vorüber.

*

Hatte es einen Sinn, Ziele anzusteuern, um darin das Leben abzugrenzen? Oder waren Zweck und Ziel Werkzeuge des Individuums, sich in seinen Möglichkeiten zu gestalten? Ich wußte nur eins: daß ich in die äußerste Konzentration des Lebens hineingehen mußte, um es zu leben, wie ich in die äußerste Konzentration des Sterbens hineingehen mußte, um es zu sterben.

Ich hatte mich selbst angesiedelt an ein Vertrauen in die Realität des Lebens, meines eigenen Lebens, das höher war als alle Vernunft.

Der Meister hatte gesagt: Du wirst in diesem Koan dein ganzes Leben noch einmal leben ...

Ein Wunder war geschehen. Irgendwann, vor langen

Jahren, hatte ich mich in mir selbst vor dem Leben versteckt, war mit meinen Ängsten in einen Kokon gekrochen und hatte mich darin eingesponnen. Der Kokon hatte sich selbst vergessen. Hatte ich ihn ebenso vergessen? Ich hatte immer gewußt, daß er verborgen existierte. Er war zum Stein geworden, um den ich herumging, der mich ungezählte Male stolpern ließ, Umwege machen ließ.

Die Vergangenheit war wieder da. Mit Genauigkeit, Gegenwärtigkeit stand ich im Traum eines Unfalls in meiner Jugend – in den unsäglichen Ängsten, in die mich Gehirnverletzungen gestürzt hatten. Gedächtnisausfälle, die das Studium unmöglich machten, meine Verlorenheit im Leben, ich wußte nicht, wohin ich gehörte. Ein ganzes Angstpaket lag vor mir aufgeschnürt. Und zutiefst tauchte die längst vergessene Kinderangst auf: ein Sünder zu sein. Der Unfall hatte in diese Kinderängste hineingeblasen, hatte sie aufs neue entfacht, hatte mich ihnen direkt ausgeliefert. »Ihr seid allzumal Sünder und mangelt des Ruhmes, den ihr an Gott haben solltet«, das war das Damoklesschwert unseres Religionsunterrichts gewesen. Immer wieder war Sünde für uns der Wegweiser in die Hölle gewesen, hatte uns unserer eigenen Natur entfremdet. Wir hatten das Fürchten gelernt.

Das alles tauchte nun auf und fiel wie Staub in sich zusammen.

Ich fühlte mich unsagbar frei. Frei zu allem, frei von allem. Ich sah plötzlich, daß alles, was wir in uns verstecken, Energien sind, die wir nicht leben. Ein Vakuum hatte sich gefüllt mit Leben.

Das Wort Buddhas, nach seiner Erleuchtung gesprochen, leuchtete in mir auf: »Ich bin von allem Anbeginn ganz und vollkommen, o wie wunderbar, wie voller Wunder.«

Und dennoch war ich mit Blindheit geschlagen. Ich hatte mich in ein Müssen verwickelt, das Fixieren auf einen Punkt bedeutete. Ich konnte den Punkt nicht loslassen, ich fixierte ihn, wie er mich fixierte.

Die Schmerzen im Bein wurden nach jedem Sitzen stärker. Ich konnte die Übungszeiten nur noch mühsam durchhalten. Aus Deutschland kamen Nachrichten, die mich sehr angingen.

Freunde, mit denen ich eng verbunden war, starben – ich fühlte, es wurde leer um mich. Äußere Angelegenheiten mußten dringend geordnet werden. Ich wurde gebeten zurückzukommen.

Hatte ich noch die Gewißheit in mir, die in einem buddhistischen Spruch so lautet:

Sieg gehört nur dem einen
Vor des Kampfes Beginn schon
Der seines Ichs nicht gedenkt
Der im Ur-Sprung, im Nicht-Ich wohnt.

War ich frei zum Handeln, zum schöpferischen Handeln? Ich buchte die Rückfahrt.

12
Der Stab des Meisters

An einem Morgen wachte ich auf, überflutet vom Sprechgesang der Mönche. Das Sutra drang in mich ein, als hätte ich es mitgesprochen. Ich war ganz still. Und zum ersten Mal nach langer Zeit ließ ich den Atem in mir ganz fallen, in Tiefen, die unermeßlich waren. Ein Krampf löste sich. Es ist so, ja, so ist es.

Im Sanzen gab es kein Ausweichen mehr. Der Meister forderte hart: »Zeige mir...« Ich saß wie in einem Schraubstock. Schließlich sagte ich verzweifelt: »Wenn ich will, kann ich es nicht zeigen. Wenn ich nicht will, nur wenn ich nicht will, kann ich es zeigen. Dann bin ich offen.« Der Meister sagte einfach: »Diese Aufgabe ist zu Ende.«

Er gab mir eine neue Aufgabe: »Zeige mir das Nichts in einer Verbeugung.«

Ich war jetzt so erschöpft, daß mich der Zusatz, »Zeige mir, was du vom Nichts verstanden hast«, in Panik versetzte. Ich klirrte innerlich, so nahe war ich dabei, durchzubrechen. Aber ich konnte nichts zeigen, nichts vorzeigen. Ich stand vor einem geistigen Abgrund in mir. Heute weiß ich, daß es die letzte Angst in meinem Bewußtsein war, wieder den Sturz tun zu müssen in das Nichts des Weltenraumes, in die unbeschreibliche, nie endende Unendlichkeit, eine Angst, die in mir stand wie der Engel mit dem Schwert. Auch diese Angst mußte ich noch einmal leben.

Was ist Nichts? Was ist Leerheit?

Was ist Leere? Ich kann sie nicht in die Hand nehmen, sie greifen, erforschen, sie hat keine Substanz, ich kann sie nicht erklären, sie mit dem Geist erfassen. Der Geist kann den Geist nicht ergreifen. Was tue ich?

Ich tue nichts. Ich sitze und tue nichts. »Wobei der Frühling kommt und das Gras von selbst wächst.«

Was hilft es mir zu wissen, daß Nichts, Leerheit, jenseits aller Gegensätze liegt, jenseits von Leben und Tod. Daß es die Einsicht in das Nichts gibt – daß es die Erleuchtung gibt? Ich muß hindurchgehen. Das glühende Eisen Zen muß heruntergeschluckt werden.

Der Meister hatte die Verschränkung der Hände beim Sitzen so erklärt: »In der kaum wahrnehmbaren Berührung der Daumen ist das Nichts im Zen ausgedrückt. In dem *festen* Aneinanderlegen der Handflächen ist die Beziehung der menschlichen Welt und der Buddha-Welt ausgedrückt.«

Nicht ineinanderfließen, sich aneinander anlehnen – so hatte ich es verstanden.

*

Die erste Übungszeit im November war beendet. Dieses Mal lud der »junge« Meister des Shokokuji alle Teilnehmer zu einem Fest ein.

Wir wurden mit einer Teezeremonie empfangen. Ein junger, fortgeschrittener Student aus der Laiengruppe bereitete den Tee. Er legte eine Prüfung ab vor seinem Zen-Meister.

Der Meister gab kurze, knappe Anweisungen. Wieder erlebte ich die geistige Zucht des Zen in ihrer Härte. Es gab keine Gefühlsbeteiligung, weder in der Anweisung noch in der Ausführung.

Der zweite führende Mönch reichte die Teeschalen. Der Zen-Meister ließ ihn nicht aus den Augen, er korrigierte jede Bewegung. Einmal machte der Mönch eine hilflose Geste – ich mache die gleiche Geste, wenn ich hilflos bin –, so hart war die Zucht. Ich wunderte mich, daß der stille Meister so unerbittlich war, und gleichzeitig verbeugte ich mich tief vor ihm. Er zeichnete den Mönch mit einem unmittelbaren Freundschaftsdienst aus. Ich stand wieder in der Zeitlosigkeit des Zen.

Der Mönch muß »zeigen«, in welchem Zustand er ist. Jede seiner Bewegungen muß in äußerster Konzentration geschehen, jede Bewegung muß angeschlossen sein an den Ur-Sprung, an den Schwerpunkt des Lebens. Die Energiegeladenheit, Präzision und die Schönheit der Bewegungen entscheiden darüber, ob er alle Elemente des Ichhaften, der Selbsteingenommenheit, in sich fallengelassen hat, ob die Handlung vollkommen ist, ob sie schöpferisch ist. Das Geheimnis des schöpferischen Tuns liegt in der vollkommenen Handlung.

Jeder Teilnehmer ist in sich konzentriert, indem er die Teeschale ergreift. Auch er verbeugt sich in Konzentration. Die Beziehung zueinander hat den Kreis geschlossen. Niemals darf die Beziehung während der Zeremonie abbrechen. In dieser Beziehung ist jeder der Anwesenden geöffnet, gelöst, frei. Das ist das bemerkenswerte; in der Teezeremonie geschieht die Erholung in der Offenheit – durch Offenheit zueinander, miteinander. Eine Entspannung, die sich nicht auf den Körper beschränkt, die Geist und Seele, das Herz atmen läßt, erneuert den ganzen Menschen.

Ich erinnerte mich plötzlich an einen Tag, den ich als Zuschauer bei einer Vorführung des Kendo (Schwertfechtens) zugebracht hatte. Die besten Schwertfechter Japans waren erschienen, um sich zu messen. Die Zuschauer saßen in dem großen Saal an den Wänden entlang auf Stühlen.

Die ersten Kämpfer betraten den Saal. Sie setzten sich in die Mitte mit gekreuzten Beinen gegenüber. Wir alle saßen vollkommen still. Die Kämpfer ließen einander Zeit, bis jeder von ihnen leer war von aller Angespanntheit, von jedem Eigenwillen. Dann, auf ein unmerkliches Zeichen mit den Augenbrauen, sprangen sie auf, der Kampf begann. Beide Kämpfer waren eine Einheit. Sie atmeten in einem Atem. Es gab nichts anderes als kämpfen, nichts daneben. Die äußerste Konzentration in jedem Schwertschlag ließ mich zittern. Das Spannungsfeld der Kämpfenden umschloß uns alle wie eine Bannmeile. Wir waren in einer einzigen Konzentration auf die Handlung gebannt. Die Präzision der Schwertschläge war haargenau, es gab nichts daneben.

Die gleiche Spannung erlebte ich in dieser Teezeremonie im Shokokuji. Auch hier wurde das Schwert des Geistes zwischen Meistern und Schülern geschärft. Auch hier war das Schwert mehr als nur ein Schwert. Die äußere Aufgabe: das Teezeremoniell als vollkommene Handlung zu tun; die innere: alles Ichbezogene in sich durchzuschlagen. Es war ein einziger Schlag in Konzentration, versammelte Kraft auf einen Punkt. Nur in der Ichlosigkeit ist der Geist frei, beweglich nach allen Seiten, nur in der Offenheit kann er sich über seine Gegensätze erheben, über seine Grenzen hinaus handeln.

Dann begann das Essen im altvertrauten, langen Empfangsraum. Es gab wieder Sukiyaki, ein sehr beliebtes Essen. Ich hatte den Ehrenplatz neben dem Roshi. Er würzte das Gericht und bereitete es zu. Er füllte mir meinen Teller bis zum Rande, immer von neuem, bis ich um Erbarmen flehte.

Die jungen Mönche sprachen nur dann und wann leise ein Wort.

An unserem Tisch saß auch ein junger Amerikaner, der im Shokokuji mit den Mönchen zusammen in der Zen-Halle lebte. Er hatte noch zwei Studenten neben sich. Sie übersetzten dem Meister unser englisch geführtes Gespräch ins Japanische.

Der Zen-Meister hörte zu. Er ist immer sehr still, in sich versunken. Gleichzeitig ist er hellwach, und nichts entgeht ihm. Er nimmt jede Bewegung, jeden Ausdruck wahr. Seine Klarheit hielt uns in Atem.

Es war ein schöner Abend. Aus ehrlichem Herzen dankte ich dem Meister. Rückblickend weiß ich, im Sodo hatte ich ein einmaliges Geschenk bekommen: Ich durfte den Herzschlag der Zen-Halle mitleben. Und deshalb kann ich nur sagen: »Domo arrigato gozaimasu! Danke schön!«

Mein Abschied im vertrauten Kreis der Zen-Freunde im Tempel des Meisters bleibt mir immer in Erinnerung. Es war, als wäre in ihm etwas Zeitloses beschlossen, als wäre ich ein Teil des Shokokuji geworden. Es gab kein Abschiedsgeplauder, die Gespräche waren erbarmungsloses Zen. Sie gaben mir die Kraft, die sich seither nie verbraucht hat.

Und noch etwas nahm ich zurück nach Deutschland: Ich hatte begonnen, meine Seele zu hören.

*

So kehrte ich nach langen Jahren wieder in meinen Beruf zurück. Ich hatte mir vorgenommen, Schülern nichts zu vermitteln, was sie nicht in sich selbst erfahren und gelebt hatten. Dazu mußte ich sie zunächst in eine Beziehung mit sich selbst bringen. Das war unerwartet schwierig. Denn niemand hatte Lust, sich mit sich selbst auseinanderzusetzen. Jeder erwartete von mir eine Anweisung für eine Übung, die – rein körperlich ausgeführt – gerade dem Eigenbedarf an Bewegung genügte.

Ich versuchte klarzumachen, daß es etwas anderes ist, eine Haltung einzunehmen, als in einem Zustand zu sein. Daß der Zustand Passivität verlangt, die Haltung Aktivität. Für den modernen Menschen ist Leben Aktivität und umgekehrt Aktivität Leben. Er weiß kaum noch, daß er allein aus Aktivität nicht existieren kann, daß sie ihn zerstören würde, wenn er der Passivität in sich keinen Raum gibt.

Der Konsum an Beruhigungsmitteln ist das Menetekel unseres aktiven Lebens. Was wissen wir noch von unserer Natur? Von einem Sein, das der Nährboden unseres Lebens ist, aus dem wir uns erneuern in unseren schöpferischen Kräften. Herzinfarkte, Nervenzusammenbrüche sind Mangelerscheinungen des Seins, Mangelerscheinungen in Geist und Seele.

In der Disziplin des Zen gibt es nichts, was nicht einbezogen ist in einen Lernprozeß. Nichts, das sich nicht erneuern muß, nichts, das sich aus der Komplexität des Lebens raushalten kann.

Einstein hat ein Wort Schopenhauers zu seiner Devise gemacht: »Jeder Mensch kann tun, was er will – aber niemand kann wollen, was er will.« Zen sagt: »Niemals kann der Geist den Geist ergreifen.«

Auch Können muß in uns ausreifen. Der moderne

Mensch hat dafür keine Zeit mehr. Er hat auch keine Geduld mehr. Er will »Können« besitzen, wie man einen Gebrauchsgegenstand kauft, der dann seinen Dienst tut. Der innere Prozeß des Sichaneignens dauert ihm zu lange. Er hat dazu keine Beziehung mehr.

Nur die Schöpferischen unter uns, die Begabten, üben sich im In-Beziehung-Sein. So übt der Musiker die Beziehung zu seinem Instrument, und hier ist Beziehung schon Können. Ohne echtes Beteiligtsein gibt es weder Beziehung noch Können.

Im Können ist die schöpferische Aussage nötig. Sie allein läuft der scheinbar besser funktionierenden Maschine den Rang ab. Zen ist die einmalige, neue, schöpferische Handlung des Ursprungs. Es bricht auf aus der Passivität des Seins.

In der Disziplin des Zen üben wir uns in der höchsten Aktivität des Handelns, wie wir uns gleichzeitig um die tiefste Passivität des Nicht-Tuns bemühen.

Unterrichten wurde für mich nun spannend. Ich hatte das alles schon einmal erlebt, im Koan. Wenn ich im Sanzen mit meiner Antwort vor den Meister trat, hatte er mit mir zusammen seine ganze Konzentration auf die Sache in das Spannungsfeld geworfen, um mich aufzuwecken. Es dauert lange, bis wir begreifen, wie weit wir im Gleichgewicht mit schlechtem Boden in uns, mit steinigem, unfruchtbarem Boden in uns sind.

Jetzt stand ich auf der anderen Seite. Und ich warf ganz bewußt alles, was ich an Konzentrationskraft hatte, in das Spannungsfeld des Unterrichts. Vergessen war jede Aufgabe, Zen zu üben. Es gab nur Zen. So war es. Es gab nichts Heiliges darin.

Die Schüler mußten erkennen, daß das, was sie denken, fühlen, Energie kostet. Daß sie sich Emotionen nicht so teuer sein lassen durften. Sie mußten begreifen, daß sie nicht einseitig mit ihrer Lebensenergie umgehen durften und sie nicht achtlos verstreuen konnten.

Wir könnten soviel Energie für wirkliches Leben aufsparen, wenn wir intelligenter damit umgehen würden.

Ein neuer Lernprozeß löste den alten ab. Ich war nicht nur an dem Ergebnis meiner eigenen Konzentration in mir selber interessiert, ich war genauso brennend beteiligt an dem Ergebnis in den Schülern, wie sie sich entwickelten, weil sie lernten, sich auf eine Sache zu konzentrieren.

Wenn du gehst, gehe. Wenn du ißt, iß. Wenn du denkst, denke. Und so fort. Nur die Sache war wichtig. Tun, genaues Tun war jedesmal die Mobilisierung aller Energien, die wachsende Fähigkeit, jede Unze Sauerstoff aus der dünnen Luft herauszuziehen und – o Wunder – den Körper dahin zu bringen, ihn voll auszuwerten.

Wir fliegen heute zu den Sternen. Ein Teil des Weltenraums erschließt sich der geistigen Konzentrationskraft der Menschen. Was würde aus der Menschheit, wenn wir dieselbe Konzentration auf die Entwicklung aller menschlichen Bewußtseinsstufen anwenden würden? – Unausdenkbar, wie Intelligenz uns verändern könnte und wohin sie uns bringen würde.

Der Weg zurück in unsere Natur ist der Weg zurück in unser Sein. Nur dort sind wir schöpferisch. Wir verlieren den Schaffensimpuls, die Konzentration auf das Sein, wenn wir uns an das Tun klammern. Wenn wir vergessen, daß wir uns nur in der Passivität des Seins erneuern können.

Wir müssen lernen, in uns anzukommen. Einzuatmen in unser Sein.

Im Herbst 1977 brachte mir Professor Ueda die traurige Nachricht nach Hamburg, daß unser verehrter Meister nicht mehr lange leben werde. Im Frühjahr darauf flog ich nach Japan, um ihm Lebewohl zu sagen. Ueda und ich gingen zusammen ins Shokokuji.

Die Erinnerung an die Jahre, die ich in seiner Begleitung diesen Weg gegangen war, stiegen in mir auf. Es gab keine Zeit in meinem Leben, in der ich so intensiv gelebt hatte wie in diesen Jahren im Shokokuji.

Wie gewohnt zogen wir die Schuhe aus, stiegen die Stufen hinauf und gingen den Gang entlang zu den Räumen des Meisters. Roshi kniete im Gang und malte mit Tusche ein selbstverfaßtes Gedicht auf ein Tuschebild.

Ich vergaß, was Ueda-san mir über den Zustand des Meisters gesagt hatte, als er aufstand: die alte Mächtigkeit der Erscheinung. Gesammelte Kraft ging von ihm aus. Der Raum war erfüllt von seiner Stärke.

Wir gingen in sein Zimmer und saßen vor ihm auf dem Boden. Ich mußte mich so setzen, daß er mir direkt in die Augen sehen konnte. »In ihren Augen ist ein gutes Licht«, sagte er, »jung, geistig, wach. Sie wird sehr alt werden.«

Und plötzlich stand er auf mit den jungen, schnellen Bewegungen des Zen-Meisters. Er ging hinaus, kam zurück, nahm meine Hände und schloß sie um seinen Meisterstab. Er zeigte mir, wie ich meine Hände um den Stab legen sollte. »Mit diesem Stab schenke ich dir mein Herz. Ich habe ihn vierzig Jahre lang als Zen-Meister benutzt. Er ist aus Eichenholz, dem Holz meiner Heimat Kiuschu. Mit diesem Stab sollst du von nun an üben. Mit diesem Stab sollst du sterben.« Wir waren beide ergriffen.

Noch einmal saßen wir im vertrauten Kreis mit dem

Meister beim Abschiedsessen. Und jeder von uns wußte, es war das letzte Mal mit Roshi zusammen. Das tat weh.

Der Meisterstab ist mir sein kostbares Vermächtnis.

* * *

Die Aufzeichnungen sind zu Ende.

Ein langer Weg hat sich noch einmal vor mir ausgebreitet. Und Schritt für Schritt bin ich ihn noch einmal gegangen. Auf vielen Wegstrecken hatte mich Professor Ueda, mein Freund und Dolmetscher, begleitet. Er schrieb mir:

»Dieser Weg ist Dein Weg und zugleich der Weg für andere. Deine Aufzeichnungen sind abgeschlossen, der Weg ist nicht abgeschlossen. Wohin er führt, wissen wir nicht. Und dieses Nicht-Wissen sei uns die Realisierung des Weges. Wissen und Nicht-Wissen sind unsere gemeinsame Erfahrung auf dem Wege in die Unendlichkeit.«

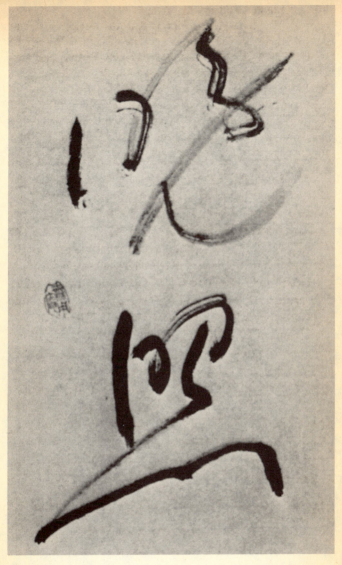

Letzte Kalligraphie des Zen-Meisters Ohtsu-Roshi, für die Autorin überbracht von Prof. Ueda (ohne Übersetzung)

Literaturverzeichnis

R. H. Blyth: *Zen in English Literature and Oriental Classics.* Tokyo 1942

H. Dumoulin: *Zen. Geschichte und Gestalt.* Francke, Bern 1959

H. Dumoulin (Übers.): *Mumonkan. Die Schranke ohne Tor.* Matthias-Grünewald, Mainz 1975

Enomiya-Lassalle: *Zen – Weg zur Erleuchtung.* Herder, Wien 1971

E. Fromm, D. T. Suzuki, R. de Martino: *Zen-Buddhismus und Psychoanalyse.* Suhrkamp. Frankfurt 1976

W. Gundert (Übers.): *Bi-Yän-Lu. Meister Yüan-wu's Niederschrift von der smaragdenen Felswand.* Hanser, München 4. Aufl. 1977

E. Herrigel: *Zen in der Kunst des Bogenschießens.* Barth, München 1978

H. S. Hisamatsu: *Die fünf Stände von Zen-Meister Tosan Ryokai.* Neske, Pfullingen 1980

H. S. Hisamatsu: *Fülle des Nichts.* Neske, Pfullingen, 2. Aufl. 1980

H. S. Hisamatsu: *Zen and the Fine Arts.* Tokyo 1971

C. Humphreys: *Zen-Buddhismus.* Barth, München 1952

W. Liebenthal (Übers.): *Hui-k'ai: Wu-men kuan. Zutritt nur durch die Wand.* L. Schneider, Heidelberg 1977

Lyrik des Ostens. Hanser, München 1978

D. Seckel: *Einführung in die Kunst Ostasiens.* Piper, München 1960

Z. Shibayama: *Zu den Quellen des Zen. Die berühmten Koan des Meisters Mumon aus dem 13. Jahrhundert*, Barth, München 1976

D. T. Suzuki: *Die große Befreiung. Einführung in den Zen-Buddhismus.* Barth, München 1979

S. Suzuki: *Zen-Geist. Anfänger-Geist.* Theseus, Zürich 1975

K. Tsujimura, H. Buchner (Übers.): *Der Ochs und sein Hirte.* Erläutert von Meister D. R. Ohtsu (Shokokuji), Neske, Pfullingen 1981

K. Tsujimura, R. Ohashi, H. Rombach: *Sein und Nichts.* Herder, Freiburg 1981

S. Ueda: *Sein und Nichts.* Vortrag auf der Eranos-Tagung, Askona

A. Watts: *Zen. Tradition und lebendiger Weg.* Zero, Rheinberg 1981

Wolfgang Schömbs
Entspannt konzentriert, Zen im Alltag
192 Seiten

Positiver und negativer Streß ist unser ständiger Begleiter – in allen Lebensbereichen. Immer wieder muß er neu bewältigt und individuell angegangen werden. Darum gibt es keine schnellwirkenden Universalrezepte. Dieses Buch hilft dem Leser innere Balance zu finden, um angemessen auf Streßauslöser reagieren zu können.

Andreas Kopsching
Erdstrahlen
128 Seiten

Erdstrahlen beeinflussen Menschen und Tiere und können auch Krankheiten verursachen. In einer umfassenden Neubearbeitung liefert der Autor neueste Erkenntnisse auf dem Gebiet des Auffindens und der Wirkung von Erdstrahlen.

Bernhard Müller-Elmau
Kräfte aus der Stille
192 Seiten

Sinnlosigkeitsgefühl und innerer und äußerer Unfrieden sind bekannte Phänomene in unserer hochindustrialisierten Welt. Die transzendentale Meditation führt den Menschen wieder in den abhanden gekommenen Bereich des Seelisch-Geistigen zurück.

ECON Taschenbuch Verlag
Postfach 4 04 03 · 40474 Düsseldorf

Anton Stangl
Buddhismus
160 Seiten

In diesem Buch wird das geistige Grundgebäude der buddhistischen Lehre und Lebenspraxis erläutert. Ein historischer Abriß sowie ein Vergleich mit der christlichen Religion in ihren Grundzügen geben einen Schlüssel zum Verständnis des buddhistischen Weges.

Miyamoto Musashi
Das Buch der fünf Ringe
144 Seiten, 20 s/w Abb.

»Wenn Musashi spricht, lauscht die ganze Wall Street« – so hat TIME den Erfolg eines Buches umschrieben, das vor über 300 Jahren in Japan entstanden ist. Der Samurai Miyamoto Musashi (1584–1645) hat nicht nur die richtige Einstellung zum Kampf und zum Gegner beschrieben, sondern gibt auch eine klassische Anleitung zur Strategie.

Anton Stangl
Pendeln
Persönlichkeit, Gesundheit, Lebensalltag, Geopathie.
Mit 33 bewährten Pendeltafeln.

Pendeln ist keine Geheimwissenschaft. Der bekannte Psychologe Dr. Anton Stangl zeigt, was jeder mit Hilfe des Pendels über sich und andere Menschen erfahren kann und welche innere Einstellung dazu notwendig ist.

ECON Taschenbuch Verlag
Postfach 4 04 03 · 40474 Düsseldorf